外国人が見た
幕末明治の
仰天ニッポン

ロム・インターナショナル著

河出書房新社

はじめに

新型コロナウイルスの感染拡大により、日本を訪れる外国人の数は激減した。しかしながら二〇二二年以降、外国人の訪問数は回復に転じ、その後、本格回復。二〇二三年にはコロナ禍前の水準に大きく近づいた。

外国人の来日目的は旅行や仕事などが主だが、日本に好印象をもつ人が多く、リピーターも増加。世界経済フォーラムが発表した「観光魅力度ランキング（二〇二一年）」では、日本が第一位に輝いている。

今でこそ、さまざまな国の人々が日本にいる光景が当たり前になっているが、外国人が盛んに訪れるようになったのは幕末から明治時代にかけての時期である。では、その頃に来日した外国人たちは、まだ近代化・西洋化しておらず、独自の文化を育んでいた日本や日本人をどのように見ていたのだろうか。

女性旅行家のバードは、日本を旅するなかで「親切であり、礼儀正しい」と日本人の道徳心を褒め称えた。身分の高低に関係なく読み書きできる文化水準の高さに驚いた外国人もいた。さらにイギリスの詩人ロングフェローは、日本の誇る自然を目の当たりにして、「一番美しい国だ」と感嘆している。

一方、黒船で来航し、鎖国中の日本に開国を迫ったペリーは、最高級の料理でもてなされていたにもかかわらず、「日本の厨房はろくなものを生み出していない」と難癖をつけた。混浴が習慣化していた銭湯のようすを「煉獄」、すなわち地獄にたとえたり、白い肌を理想とする女性の化粧を「身の毛もよだつような印象しか与えない」と酷評した外国人もいた。

今から約一五〇年前の日本や日本人に対する外国人の反応は、現代人の感覚と同じようなものがあれば、まったく違っているものもあり、実に興味深い。

本書は、幕末明治期に来日した外国人が、日本の自然、社会のしくみ、日常生活、食事、仕事などに対してどんな感想をもち、評価を下したかを、彼らが残した文献から引用して紹介している。本書を読んで当時の外国人のユニークな日本・日本人観を楽しむとともに、現在の日本・日本人について省みるきっかけにしていただければ幸いである。

外国人が見た幕末明治の仰天ニッポン　もくじ

第1章　美しい自然と街と村

第2章 社会の仕組みと制度

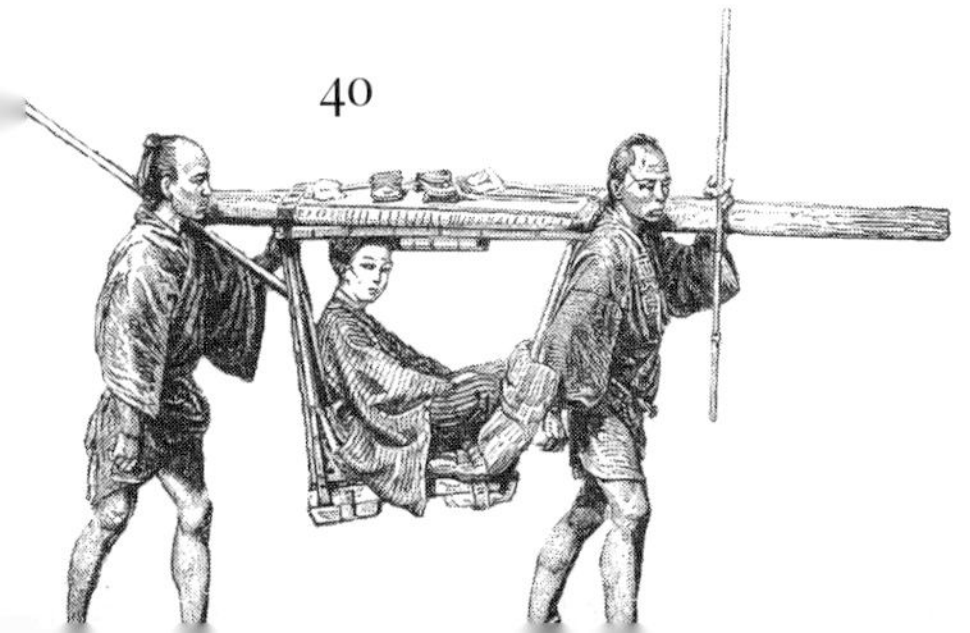

第3章

不思議な日常生活

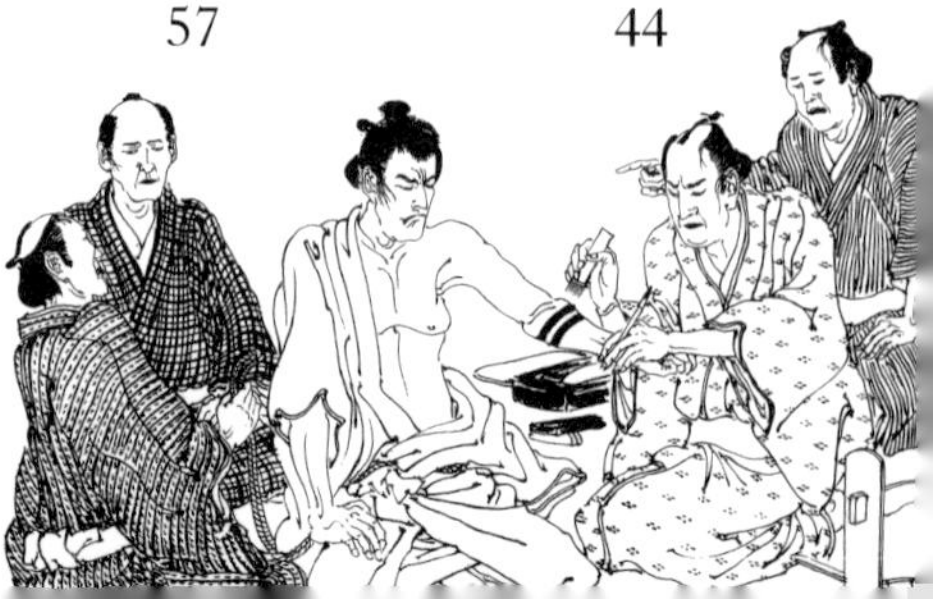

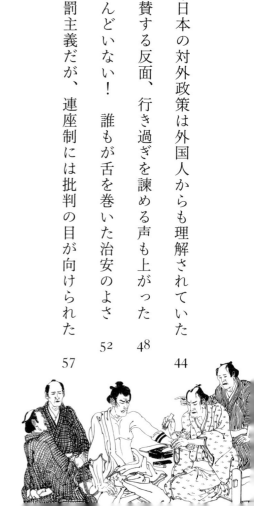

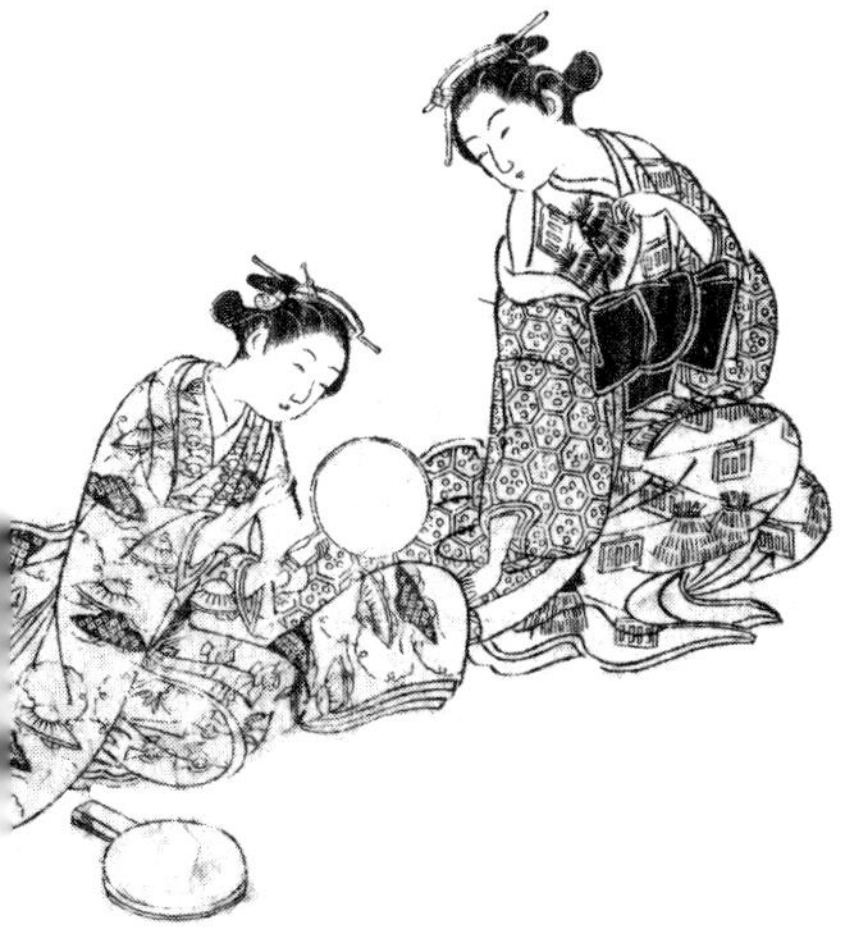

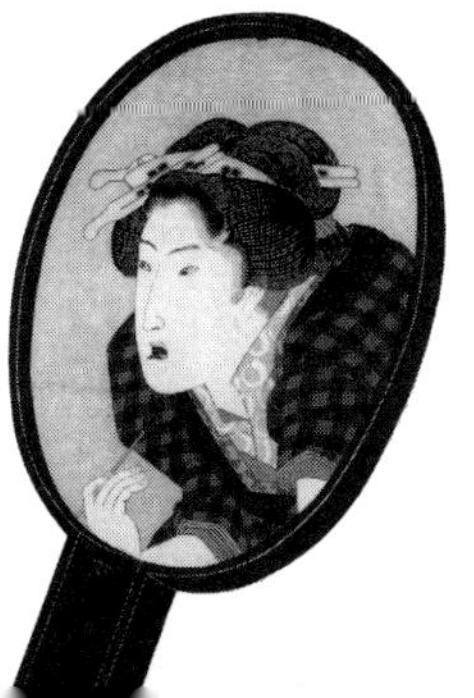

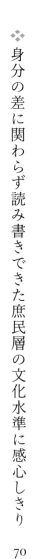

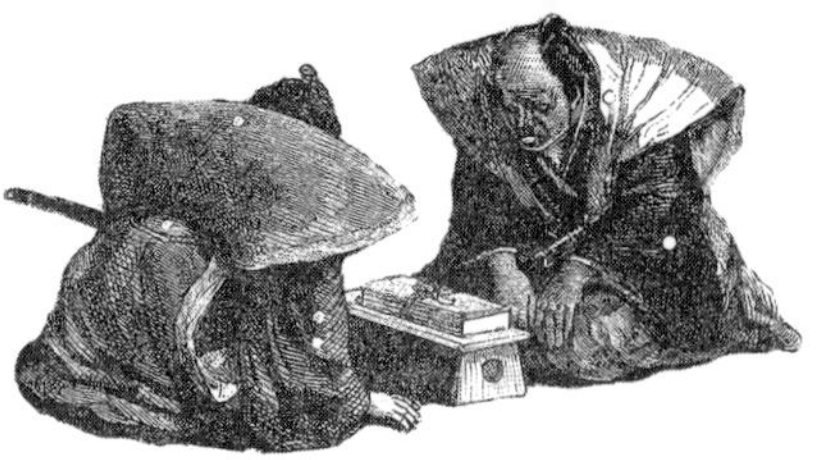

第4章 礼儀正しく実直な人々

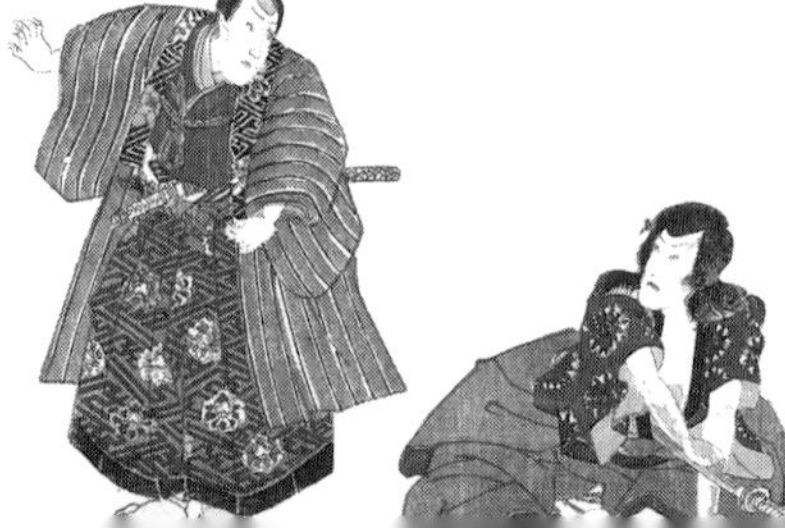

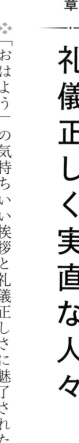

第5章

「別世界」の食べ物と装い

第6章

男と女と幸福な子ども

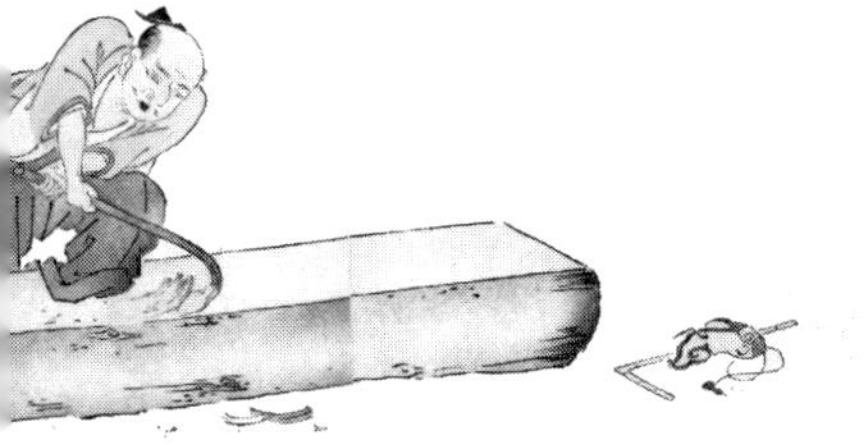

第7章 さまざまな職業と仕事ぶり

【写真提供】

アフロ、ピクスタ、アドビストック、国立国会図書館、東京都立中央図書館、長崎大学附属図書館、横浜市中央図書館、横浜開港資料館、放送大学附属図書館、国際日本文化研究センター、絵葉書資料館

本書は二〇一四年九月に三笠書房より刊行された『日本は外国人にどう見られていたか』（知的生きかた文庫）をリサイズ、再編集したものです。

第1章

美しい自然と街と村

1-1

日本という国は、見た中で間違いなく一番美しい国だ！

息をのむほど美しい日本の四季

日本は、四季の移り変わりがはっきりしている。西洋諸国にも四季はあるが、日本に比べるとその差は少ない。そのため、幕末明治期に来日した西洋人の多くは、日本の四季の豊かさに驚きを示した。

ロバート・フォーチュン[1]（一八一三〜一八八〇／イギリス／植物学者）は、スコットランドのエディンバラ王立植物園で園芸学を修めた植物のプロで、「プラントハンター」と呼ばれていた。そのフォーチュンが気に入ったのが、晩秋の紅葉の美である。

「秋の群葉の鮮明な色彩はたいへんすばらしく、（略）ハゼやいろいろな種類のあるカエデは、ちょうどさまざまの色合い——黄、赤、深紅色——によそおいを凝らしている」と、紅葉の色

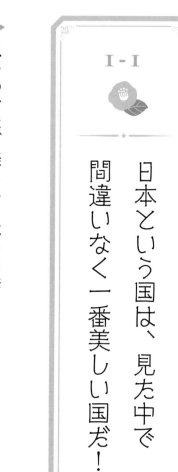

彩の美しさに賛嘆している（『幕末日本探訪記』）。

アメリカの詩人ヘンリー・ウォッズワース・ロングフェローの息子である[2]**チャールズ・A・ロングフェロー**（一八四四～一八九三／アメリカ／一般市民）は、一八七二（明治四）年に一般市民として来日し、**「日本という国は、僕が見たことのある中で間違いなく一番美しい国だ」**と驚いた。そして色彩溢れる自然を見て、**「緑の色でイギリスを凌ぎ、豊かな緑色の草木に被われた山や平地に細分化されている」**と率直な感動を伝えている（『ロングフェロー日本滞在記』）。

それからおよそ二〇年後に日本を訪れた[3]**ウォルター・ウェストン**（一八六一～一九四〇／イギリス／宣教師）も来日後すぐに自然美に魅了され、**「二月の梅から始まり、桜、牡丹、つつじ、藤の花、あやめと春から夏にかけて咲く花々、さらに秋から冬にかけての菊、紅葉」**などと、四季の移り変わりを花の名を列挙することで具体的にその美を表現している（『ウェストンの明治見聞記』）。

●紅葉狩り

楊州周延『園中の紅葉』より。日本人は春は花見、秋は紅葉狩りを楽しんだが、赤や黄色に色づいた紅葉の美しさは西洋人をも魅了した（国立国会図書館蔵）

ウェストンはまた、同書で**「日本人ほど生まれつき自然に対する愛着が強く、それが皆の間に広まっている民族を見たことがない」**と説き、その例として詩歌《しいか》と祭りをあげた。

詩歌については、**「日本人にとって、詩歌は自然を描写する印象主義の産物である」**と述べている。たしかに日本人は、花や鳥、月や秋の落葉、冬の雪や山にかかる霧といった自然を主題にした詩歌をよく詠《よ》む。行事については、**「その季節の特定の花が最高の美しさになったとき、それを眺める喜びを味わうためだけの目的で、全国民が花見にでかけるのである」**と、日本独特の花見の文化に強い興味を示した。

日本人にとってはごくありふれた、自然とともにある詩歌や行事も、外国人の目にはユニークなものと映ったようである。

外国人プロフィール

1 ロバート・フォーチュン［一八一三〜一八八〇］

イギリス・スコットランドの生まれ。庭園芸業者に就職後、エディンバラの王立植物園に勤務。チウズィックの王立園芸協会の温室主任として植物採集のためにアジアに派遣された。

2 チャールズ・A・ロングフェロー［一八四四〜一八九三］

アメリカの詩人ヘンリー・ウォッズワース・ロングフェローの子として生まれた。幕末期、一般人として来日し、江戸に家屋を購入。一年以上を日本で過ごした。

3 ウォルター・ウェストン［一八六一〜一九四〇］

イギリス生まれ。ケンブリッジ大学卒業後、イギリス聖公会宣教師として一八八八年に来日。伝道活動のかたわら、日本アルプスなどに登り、登山家としても活動した。

I-2 明治初期の汚染された水道がお雇い外国人を嘆かせた

江戸の上下水道は世界一だったが……

現在の日本は、世界有数の水道先進国であるが、近代以前は違っていた。

明治初期、治水工事を担当する政府のお雇い外国人として来日した[1]**リチャード・ヘンリー・ブラントン**（一八四一〜一九〇一／イギリス／土木技士）は、日本の町並みを見て、「**家庭からの排水は、普通近くの汚水溜に流れ込み、汚水が浸透するので地下水も汚染している**」と嘆いている（『お雇い外国人が見た近代日本』）。

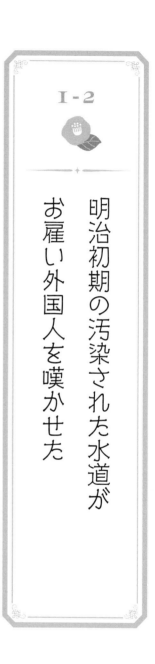

しかし、世界一の大都会だった江戸は、上水道がかなり発達していた。

江戸を流れる川はもともときれいで、飲用水として利用しても害はなかった。一五九〇（天正十八）年、江戸城を築城する際には、徳川家康が神田川から水を引き入れる小石川水道を建設。ついで一六二九（寛永六）年には井の頭池、善福寺池、妙正寺池などを水源とする神田上水が、さらに一六五三（承応二）年には多摩川から水を引き入れる全長四三キロメートルの玉川上水が完成した。

また、江戸の地下には「木樋《もくひ》」と呼ばれる配水管がめぐらされ、各町に設置された井戸（湧

●江戸の六大上水開削図（寛永年間頃）

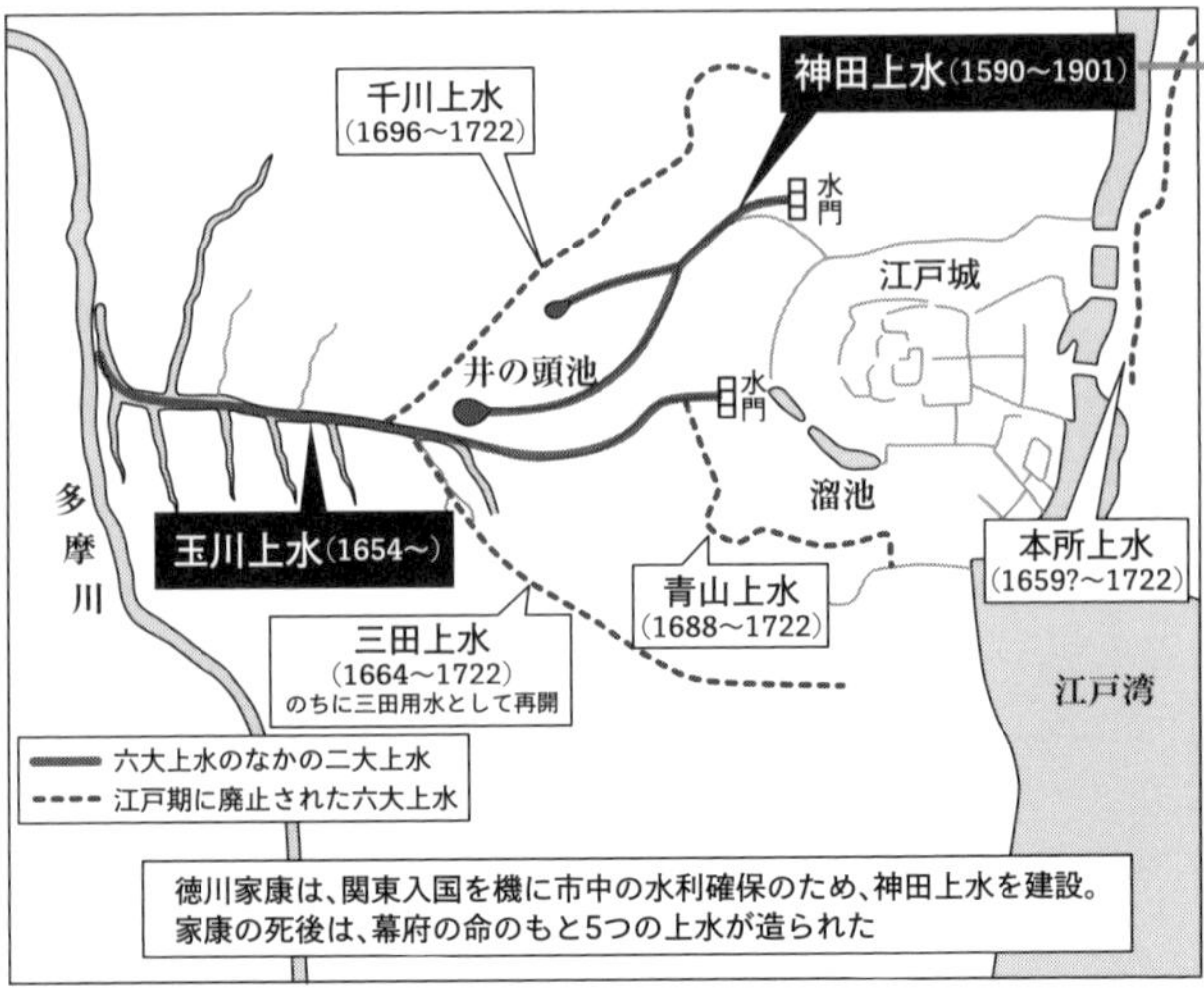

歌川広重『東都名所御茶之水之図』より。神田川の上には「懸樋（かけひ）」という橋が架けられ、上水が橋を通って対岸地域に流れていた（国立国会図書館蔵）

水の井戸ではない）まで水を運んだ。この上水システムにより、江戸の約六割の人々が水道を利用することができたといわれている。

維新後、西洋化にともない汚水化が進んだ

下水はといえば、当時の人々はし尿をすべて肥料にしていたため、わずかな生活水を流す溝程度のものさえあれば十分だった。し尿をそのまま放流し、川が汚水で汚れていた西洋諸国とは大違いだ。

しかし明治維新後、西洋化が進むと、汚水が放流されはじめ、飲料水として使用できないどころか、衛生状態はどんどん悪化してしまう。ブラントンが先のように嘆くのも、無理なからぬことだったのである。

ようやくヨーロッパ式の下水道が建設されたのは、一八八四（明治十七）年のこと。その後、日本は水道設備の整備を進め、再び世界有数の水道先進国となった。

外国人プロフィール

リチャード・ヘンリー・ブラントン［一八四一～一九〇一］

イギリスはスコットランド生まれ。イギリス公使ハリー・パークスの推薦によって日本政府の招聘を受けて来日した。港の近くに西洋式の灯台を建てる灯台技師として働き、「日本の灯台の父」と呼ばれる。

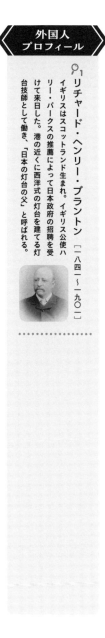

Ⅰ-3

人形の家のような小ささに驚くも、シンプルで静かな室内を賞賛した

清潔な畳の万能性に驚嘆!

世界には石造りの家や土でできた家、そしてイヌイットの氷の家など、さまざまな家屋が存在する。日本人は古来、恵まれた木材を利用した木造の家屋で生活してきたが、石造りの家で暮らす西洋の人々にとって、それは奇異に感じられた。

日本の木造家屋(民家)について、**エドゥアルド・スエンソン**(一八四二〜一九二一/デンマーク/軍人)は、次のように述べている。

「外観も内部も、日本の家は人形の家のようで、店で売っている小さくて洒落たスイスの田舎家を思わせる。(略)**重い体でつぶしはしないか、頭をぶつけて家をこわしてしまいはしないかと心配で、家に入るのがためらわれる」**(『江戸幕末滞在記』)

●**長屋の間取り**

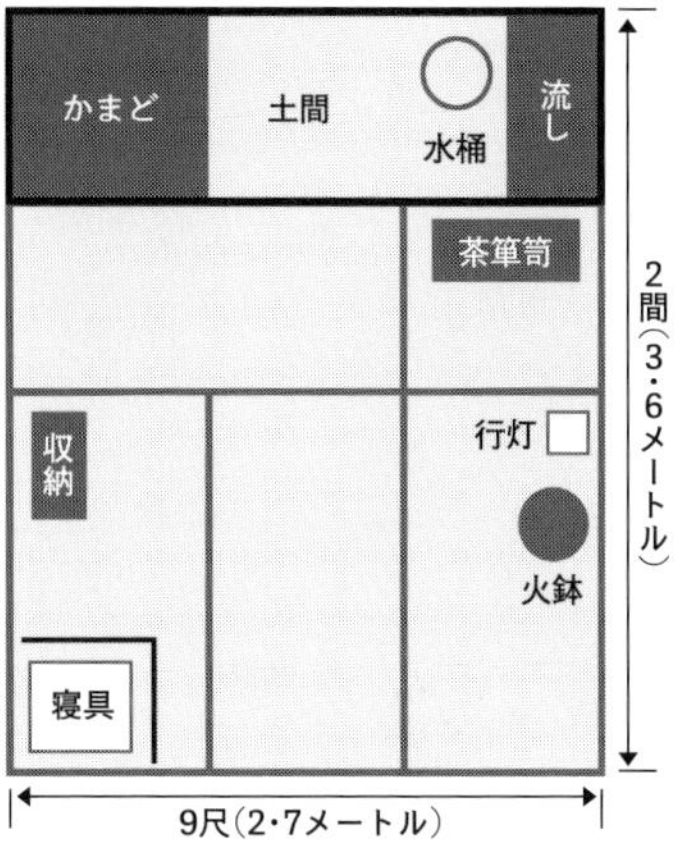

江戸時代の庶民の多くは、実質3畳ほどの狭い空間に、3〜4人で暮らしていた

西洋の家屋は石造りで頑丈なばかりか、非常に大きいものが多い。それと比べると、日本の民家は極めて小さく、もろい造りになっているように感じられたのだろう。

日本家屋の内部のようすも、スエンソンには新鮮に映ったようだ。

スエンソンが屋内に入って最も驚いたのは畳だった。畳が何なのか理解できなかったようだが、**「床には一面に厚さが一インチほどの竹の皮のマットが敷いてあり、その清潔さ、その白さは壁や窓に劣らない」**と褒めている（同書）。

ハインリッヒ・シュリーマン（一八二二〜一八九〇／ドイツ／考古学者）もまた、**「（畳は）椅子や長椅子、ソファーやテーブル、寝台の床架やマットレスの役目をも果たしている。（略）したがって、いかなる種類の家具も備え付けられていないのである」**と、シンプルながら複数の役割をこなす畳に高い評価を与えている（『日本中国旅行記』）。

開放的で洗練された空間

日本家屋の内部を**「がらんとした部屋」「この家は貸家にするつもりかなと思ったくらい**

だった」(『日本人の住まい』)と表現した人物もいる。**エドワード・S・モース**[3](一八三八～一九二五／アメリカ／動物学者)だ。

モースは当初、日本家屋の造りがあまりにシンプルなことをやや軽蔑的にとらえていた。だがそのうちに、畳、襖紙、杉板張りの天井など、細部にまでこだわった装飾の妙に気づく。そして、それらの醸し出す雰囲気が「**部屋を極度に静かなかつ洗練されたものにする**」ということに思い至ったのである(同書)。

ジョルジュ・ブスケ[4](一八四六～一九三七／フランス／法律家)もモースと同様に考えていたらしく、同胞に対して、「**今なお昔風を忠実に守っている日本人の家の中に入って見給え。**(略)**地味で優雅さのある部屋の中には、我々のブルジョワのサロンを常に醜いものにしている、あの目障りなものを何一つ見出すことができないだろう**」(『日本見聞記』)と訴えている。

もう一つ、モースが驚いたのは日本家屋の開放的な造りだ。当時、日本家屋の多くは道路に向かって開けっぱなしになっていた。そのため少し覗き込むと、生活のすべてを見通すことができた。

●明治初期の宿屋

家財道具といえるものは何もないが、障子から差し込む光が、モースの指摘するような「静かなる洗練」を思わせる(大英博物館蔵)

「この国の人々がどこ迄もあけっぱなしなのに、見る者は彼らの特異性をまざまざと印象づけられる」（『日本その日その日』）

そもそも日本家屋が簡素な造りになっていた背景には、当時の住宅事情がある。

明治初期、大都市の多くの人々は、江戸時代の長屋とたいして変わらない、何軒かが棟続きの平屋（棟割り長屋）に暮らしていた。一戸建ての家に住むことのできた人は、ごく一部の上流階級か、商店兼用の家に暮らす人に限られた。

平屋の間取りは家族で六畳、あるいは四畳半一間に土間（台所）つきという狭さで、椅子や机といった家具を置く余裕などとうていなかった。逆に考えれば、そうした造りだったからこそ、畳や装飾の存在感が高まったといえるのかもしれない。

外国人プロフィール

1 エドゥアルド・スエンソン［一八四二〜一九二一］

デンマーク生まれで海軍軍人として来日。その後、明治に入ってから大北電信会社の責任者として再来日し、海底ケーブルの設置作業を行なった。

2 ハインリッヒ・シュリーマン［一八二二〜一八九〇］

ドイツ生まれ。船乗りの時代に船が難破してオランダ領に漂着後、商人となり巨万の富を築いた。経済活動から引退後、世界周遊旅行へと出て幕末の日本にやって来た。のちにトロイア遺跡を発見している。

3 エドワード・S・モース［一八三八〜一九二五］

アメリカ生まれ。東京大学の教授として、一八七七年から三度にわたり訪日。庶民の風俗や暮らしに魅了され、さまざまな品を本国に持ち帰っている。大森貝塚の発見者として知られる。

4 ジョルジュ・ブスケ［一八四六〜一九三七］

フランス生まれ。明治初期に司法省の法学校が開校した年、フランス法を教えるために来日し、教鞭をとった。四年の滞在期間を終えたあとに帰国し、フランス司法省、フランス参議院などに勤務した。

I-4

日本は花を愛で珍種を偏愛する、世界でも稀な園芸超大国！

江戸時代に花開いた園芸文化

日本は自然豊かな国である。それゆえ、花や木などの植物を愛する人が多いといわれる。そうした傾向は江戸時代も同じだったようで、イギリスの植物学者**フォーチュン**[1]は、幕末の日本人のことを「**身分の高下を問わず、花好き**」だと述べている（『幕末日本探訪記』）。

実際、江戸の人々は良家であっても中流以下の民家や商店であっても、裏庭に花壇や鉢をしつらえて花づくりを楽しんでいた。フォーチュンは各家の花壇をしばしば覗き見して、めぼしいものを見つけると、なかに入っていってじっくり観察したという。

あまり知られていないが、江戸時代は園芸文化が大きく発展した時代だった。徳川幕府の成立により天下泰平の時代が訪れると、人々の生活に余裕が生まれ、さまざまな文化が花開いた。

そのなかの一つに園芸があった。

一六〇七（慶長十二）年頃には、中国の医師・本草学者がまとめた『本草綱目』という百科事典のような本が日本に伝来。さらに植木鉢が普及し、庭がなくても草花を育てることが可能になったこともあり、将軍家などの上流階級から庶民に至るまで、広く園芸が広り、品種改良熱が高まったのである。

超レアな奇品・珍種が人気を博す

江戸時代の園芸ブームの特徴の一つとして、斑《ふ》入り、葉変わり（異様葉）などのマニアックな奇品・珍品が好まれたことがあげられる。

フォーチュンは、「**シナでも世界の他の国でも、ロンドンの展覧会ですら見たことのない、非常に大型のツツジを見た**」と述べている（『幕末日本探訪記』）。そのツツジは、周囲が四〇フィートもあり、円形にきれいに刈り込まれていたものだったそうだ。「**日本の観葉植物は、たいてい変わった形態にして栽培するので、その多くは非常に見事である**」と、日本の園芸技術を賞讃した記事も見られる（同書）。

ツツジ以外の珍しい種としては、観葉植物のカラタチバナ、オモト、マツバラン、ニッキランなどの変異種があった。とくにマツバランというシダ類の一種は、「生きた化石」と呼ばれるほど珍しい植物で、一説によると現代の価値にして数千万から一億円もの高値がつくほどだったといわれている。

江戸時代初期にはじまった園芸人気は、その後も安定して続いたらしい。

幕末に来日したデンマークの軍人スエンソン[2]は、**「日本人の自然感覚は、庭作りに対する好みにもうかがい知ることができる。どの家にもたいてい小さな庭があり、部屋ひとつ分の大きさしかないのが普通だが、住人が丹念に手入れをしている」**と、当時のようすを述べている（『江戸幕末滞在記』）。

明治政府の招請で一八七七（明治十）年に来日し、鹿鳴館などの設計や教育に尽力した**ジョサイア・コンドル**[3]（一八五二〜一九二〇／イギリス／建築士）も、日本の生け花や庭に注目。日本庭園を成熟した文化とみなした論文まで発表している。

外国人プロフィール

1 ロバート・フォーチュン［一八一三〜一八八〇］

イギリス・スコットランドの生まれ。庭園芸業者に就職後、エディンバラの王立植物園に勤務。チウズィックの王立園芸協会の温室主任として植物採集のためにアジアに派遣された。

2 エドゥアルド・スエンソン［一八四二〜一九二一］

デンマーク生まれで海軍軍人として来日。その後、明治に入ってから大北電信会社の責任者として再来日し、海底ケーブルの設置作業を行なった。

3 ジョサイア・コンドル［一八五二〜一九二〇］

イギリス・ロンドン生まれ。ロンドン大学で建築学を学び、イギリス王立建築学会の設計コンペで優勝。一八七七年に来日し、工部大学校教師に就任。辞職後は日本初の設計事務所を開設し西洋建築を設計した。

I-5

未舗装の悪路に辟易する一方、人々の気配りには賛辞をおくる

道路網は整備されたが、未舗装ばかり……

江戸時代、徳川幕府は陸上交通の整備を進めた。

まず江戸・大坂・京都の三都を中心に、各地の城下町をつなぐ街道の整備に取りかかり、東海道・中山道《なかせんどう》・甲州道中・日光道中・奥州道中の五街道を完成させる。これにより、江戸を起点とする幹線道路網が完成した。さらに、脇街道と呼ばれる主要道路も全国にはりめぐらし、要所に宿駅《しゅくえき》を設けた。

こうして全国的な交通網が形成されていったわけだが、江戸時代の道路は決して立派なものとはいえなかった。明治初頭に来日した**ブラントン**が、「**乾いた堅い道路など、昔の日本では考えも及ばなかった**」と記しているように（『お雇い外国人が見た近代日本』）、ほとんどの道

●江戸期に整備された街道筋

歌川広重『東海道五十三次之内 浜松』より。東海道は参勤交代で利用された大街道であった（国立国会図書館蔵）

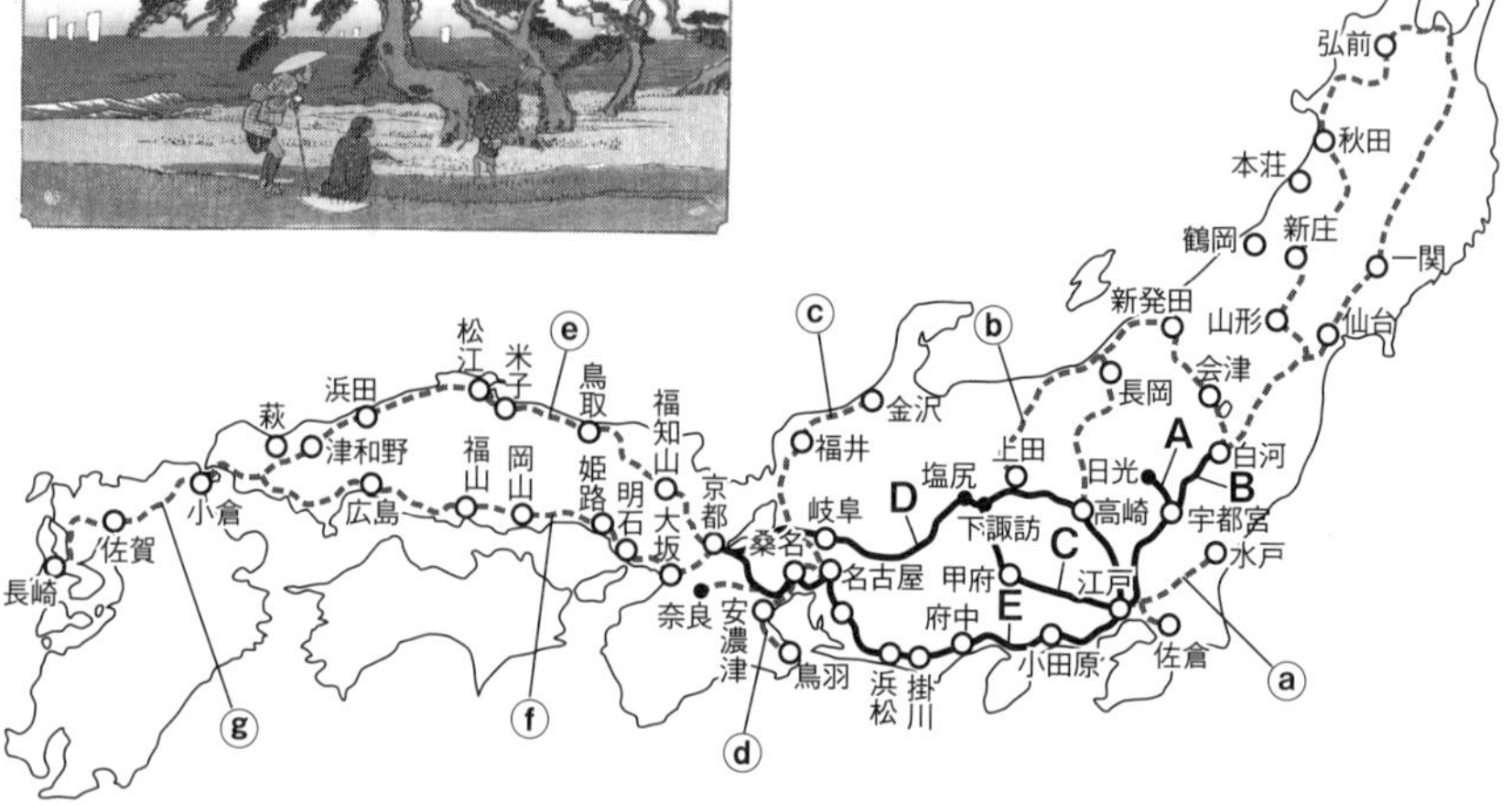

A 日光道中　ⓐ 水戸街道
B 奥州道中　ⓑ 北国街道
C 甲州道中　ⓒ 北国路
D 中山道　ⓓ 伊勢街道
E 東海道　ⓔ 山陰道
ⓕ 中国街道
ⓖ 長崎街道

━ 五街道
--- 脇街道
○ おもな城下町
● 要地

渓斎英泉『木曾街道 塩尻嶺 諏訪ノ湖水眺望』より。中山道は険しい山道が多かった（国立国会図書館蔵）

戦国時代から江戸時代にかけて街道整備が進められていった。外国人が来日した頃には、道の状態も向上していたものと考えられる

路は石などで舗装されていなかったのである。

江戸で最も人通りが多く、にぎやかだった日本橋と京橋の間の通り（現在の中央通り）でさえ、土に砂利を入れて固めただけ。より狭い道では、砂利さえ入れなかった。雨の日などは街中でもひどい泥のぬかるみとなったため、雨天用に下駄を高くした雨下駄や足駄《あしだ》をはかなければならなかった。

イギリスのロンドンなどでは、一八世紀にはすでに道路に石畳が敷き詰められていたというから、ブラントンは江戸の悪路にさぞかし辟易《へきえき》したことだろう。

ちなみに、日本の道が舗装されていなかったのは、舗装技術がなかったからではない。当時の人々は石で固めた舗装道路より、泥道のほうが夏は涼しくすごしやすいということを経験的に知っており、あえて道を舗装しなかったのではないかといわれている。

左側通行が定着していた

一方で、日本の道路事情に好意的な意見を述べている外国人もいる。

一八世紀後半に来日し、ケンペル、シーボルトと並んで「出島の三学者」と謳《うた》われた**カー[2]ル・ペーテル・ツュンベリー**（一七四三～一八二八／スウェーデン／医師・植物学者）は、**「この国の道路は一年中良好な状態にあり、広く、かつ排水用の溝を備えている。**（略）**道をだいなしにする車輪の乗り物が無いので、道路は大変良好な状態で、より長期間保たれる**」と非常に高く評価しているのである（『江戸参府随行記』）。

さらにツュンベリーは、日本人が道路の手入れを怠っていない点にも注目し、**「道に砂がまかれているだけでなく、旅人の到着前には箒《ほうき》で掃いて、すべての汚物や馬糞を念入りに取り払い、そして埃《ほこり》に悩まされる暑い時期には、水を撒き散らす」**と、その気配りを賞賛している（同書）。

ツュンベリーの賛辞はまだ続く。

「上がりの旅をする者は左側を、下りの旅をする者は右側を行く。つまり旅人がすれ違うさいに一方がもう一方を不安がらせたり、または害を与えたりすることがないよう、配慮するまでに及んでいるのである」（同書）

じつは当時、西洋の先進国ではすでに交通事故が頻発しており、多くの子どもや老人が車輪のついた乗り物に轢《ひ》かれてケガを負わされていた。それに対し、日本では左側通行が徹底され、交通事故が起こることはなかった。そんな日本の交通システムやマナーに、ツュンベリーは感銘を受けたようだ。

外国人プロフィール

1 リチャード・ヘンリー・ブラントン［一八四一〜一九〇一］

イギリスはスコットランド生まれ。イギリス公使ハリー・パークスの推薦によって日本政府の招聘を受けて来日した。港の近くに西洋式の灯台を建てる灯台技師として働き、「日本の灯台の父」と呼ばれる。

2 カール・ペーテル・ツュンベリー［一七四三〜一八二八］

スウェーデン生まれ。大学で医学と博物学を学んだのちオランダ東インド会社に入社。一七七五年に長崎県の出島にあったオランダ商館に医師として赴任した。植物や昆虫を採集し、「日本博物学の父」と呼ばれた。

1-6

「職人技」で手入れされた美しい耕地！絶賛された農民たちの勤勉さ

日本の田畑には雑草が一本もない！

近代以前の日本の主要産業といえば農業だった。日本の農業が大きく進歩したのは江戸時代のことで、幕府や諸藩が積極的に新田開発を行なった。その結果、各地の耕地は飛躍的に拡大し、田畑面積は江戸時代当初の一六四万町歩《ちょうぶ》（一町歩＝約一ヘクタール）から、一八世紀はじめには二九八万町歩にまで激増したのである。

農民たちは、名主《なぬし》・組頭《くみがしら》・百姓代《ひゃくしょうだい》からなる村役人の指導のもと、農作業に従事。米のほか、江戸周辺の農村では野菜や商品作物などを栽培していた。

日本の農業技術が西洋と比べて大きく発展していたというわけではない。しかし、日本を訪れた外国人の多くは、日本の農業について一様に高く評価している。

たとえばスウェーデン人のツュンベリー[1]は、次のように述べている。

「耕地に一本の雑草すら見つけることができなかった。（略）**このありさまでは、旅人は日本には雑草は生えないのだと容易に想像してしまうであろう」**（『江戸参府随行記』）

農夫が入念に摘み取っているため、雑草がまったく生えていない。その見事さに驚愕しているようすがうかがえる。

半年以上をかけて日本各地を旅行し、その鋭い観察眼で当時の日本の様子を記録したイザベラ・バード[2]（一八三一〜一九〇四／イギリス／紀行作家）も、**「山腹を削って作った沼のわずかな田畑も、**（略）**全くよく耕作されており、風土に適した作物を豊富に産出する。**（略）**草ぼうぼうの〝なまけ者の畑〟は日本には存在しない」**と、きれいに手入れされた耕地に驚嘆の声をあげた（『日本奥地紀行』）。

西洋では、広い土地に合理的・科学的な手法を用いて農耕を行なうのが一般的だった。それに対し、日本では小さな平野を極端に集約的に開墾し、美しい耕地をつくる。そして細心の注意を払いながら作物を育てる。そうした日本人の細密な農業手法が、外国人の目には新鮮に映ったようだ。

日本の農民に学べ！

日本の農民や農業を自国の手本にすべきだと主張する外国人もいた。「少年よ、大志を抱け」の〝名言〟で有名な北海道開拓の父、**ウィリアム・スミス・クラーク**（一八二六〜一八八六／アメリカ／教育者）だ。

一八七六（明治九）年、明治政府に招かれ、札幌農学校（北海道大学の前身）の教頭として教鞭《きょうべん》をとったクラークは、美しい田畑が牛馬ではなく人間の手で手入れされていることに感心した。そしてアメリカに帰国後、母国の農民を前にした講演で次のように述べ、日本の農業技術の高さを称えたのだ。

「日本の農民は良い農民になる技を持っているのです。日本の整然とした美しい畑を見たら、アメリカ人は恥しいと思うでしょう」（『W・S・クラーク　その栄光と挫折』ジョン・エム・マキ著）

外国人プロフィール

1 カール・ペーテル・ツュンベリー［一七四三〜一八二八］

スウェーデン生まれ。大学で医学と博物学を学んだのちオランダ東インド会社に入社。一七七五年に長崎県の出島にあったオランダ商館に医師として赴任した。植物や昆虫を採集し、「日本博物学の父」と呼ばれた。

2 イザベラ・バード［一八三一〜一九〇四］

イギリス生まれ。旅行家・探検家として世界各地を旅し、多くの旅行記を残す。日本には一八七八年に来日し、日光から新潟・山形・秋田を経て北海道に渡り、アイヌの調査を行なった。

3 ウィリアム・スミス・クラーク［一八二六〜一八八六］

アメリカ生まれ。一八五二年に化学の博士号を取得。一八七六年に駐米日本公使吉田清成とのあいだに札幌農学校に赴任する契約を交わし、教頭に。学校では学生の育成と同時にキリスト教の信仰を伝えた。

I-7

窮屈さに辟易された駕籠、全速力のスピードが好まれた人力車

駕籠《かご》が主要交通手段だった江戸時代

ヨーロッパでは、早くから車輛が利用されてきた。近代でいえば、それは馬車だった。人や荷物を運ぶ主要な道具として馬車が使われ、ロンドンなどでは石畳を敷き詰めた道路の上を疾走していた。一七六九年には、フランスで蒸気自動車が登場。スピードは一〇キロ以下と遅かったが、軍隊で大砲運搬のために使われた。

一方、江戸時代の日本では、車輛はほとんど使われていなかった。せいぜい、牛の引く荷車や大八車が荷物を移動させるのに使われる程度だった。当時は道路を舗装していなかったため（27ページ参照）、重い荷物を積んだ車輛を使えば、ひどいぬかるみをつくってしまう。また、江戸市中では幕府が車輛の使用を厳しく制限していたこともあり、車輛を見かけることは非常

に稀だったのである。

　では、江戸の人々が路上を歩かずに移動するときは、いったい何を使っていたのか。答えは駕籠《かご》である。角材に四角い箱が下げられており、なかに人が乗ると担ぎ手が肩に担いで運ぶ。

ただし、駕籠には何種類かあり、金持ちは四角い箱にさまざまな装飾がほどこされ、四方に簾《すだれ》と帳《とばり》がかかった「ノリモン」に乗る。下層階級の者が乗るのは「カンガ」といい、四枚の板を単純に組み合わせて空間をつくっただけの造りになっている。

●駕籠の種類

ノリモン

四角い箱にさまざまな装飾がほどこされ、四方に簾と張がかかっている。利用者は裕福な人が多かった

カンガ

四枚の板を組み合わせて空間をつくった単純なつくり。利用者は下層階級の人が多かった

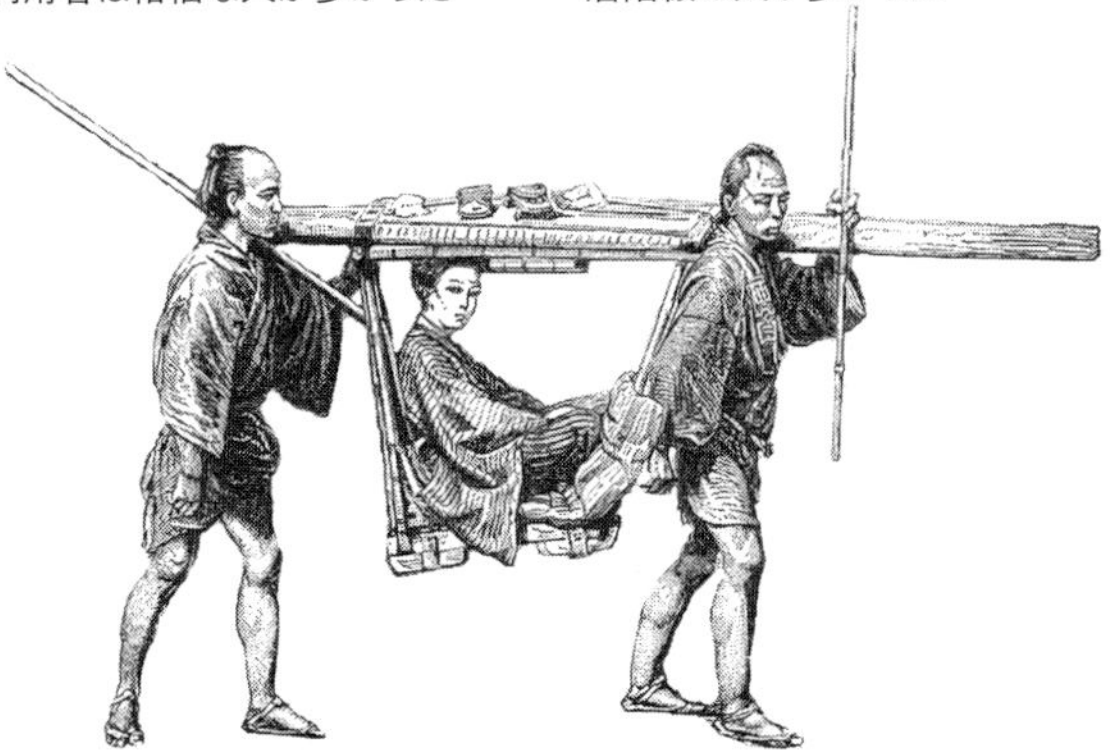

　当時、来日していた外国人たちもこれらを交通手段として利用した。その乗り心地についてスエンソンは、「**脚を折り曲げてあぐらをかかざるを得ず、そうしたらもう身動きひとつできなくなってしまう**」と、窮屈さに辟易している（『江戸幕末滞在記』）。

　また、彼はカンガにも乗ったことがあったようで、同書で「**いつバランスを崩して枠の外へ放り出されるか知れない不安に絶えずさらされつつ運ばれていく**」と、不安をあらわ

●人力車のある風景

『地理写真帖内国之部第二帙』より、明治33年の梅田駅前のようす。写真手前に、人力車に乗る婦人の姿が見える。裕福な限られた層が用い、一般庶民が利用することはほぼなかった（国立国会図書館蔵）

にしている。

とはいえ、駕籠に好印象をもっていた外国人がいないわけではなかった。ロング[2]フェローなどは、**「長時間座るのに慣れさえすれば、極めて乗り心地が良い。優秀な苦力（担ぎ手）にあたれば大きい活字なら難無く本を読むこともできる」**と述べている（『ロングフェロー 日本滞在記』）。

駕籠に対する外国人の評価は、どうやら二分されていたようだ。

モースはスピード狂？

やがて江戸から明治に時代が変わると、新たな車輛が登場する。二輪車に客を乗せて人力で引っ張る人力車である。

一八七〇（明治三）年、東京・日本橋で営業を開始した当初は、大八車に四本の柱を立てて幕を張ったような簡素なものだったが、やがて幌やかじ棒を設置した形にグレードアップする。

そのうち文明開化を象徴するハイカラな乗り物とみなされるようになり、一八九六（明治二十九）年までに二一万台にも増えたという。

この人力車を絶賛したのが、かの**モース**[3]だ。

「人力車に乗ることの面白さ！　狭い街路を全速力で走っていくと、（略）**人々、衣服、店、女や子供や老人や男の子の何百人――これ等すべてが我々に、かつて見た扇子に描かれた絵を思い起こさせた」**（『日本その日その日』）

人力車のスピード感と、車上からの風景に酔いしれている。

外国人プロフィール

1 エドゥアルド・スエンソン［一八四二〜一九二一］

デンマーク生まれで海軍軍人として来日。その後、明治に入ってから大北電信会社の責任者として再来日し、海底ケーブルの設置作業を行なった。

2 チャールズ・A・ロングフェロー［一八四四〜一八九三］

アメリカの詩人ヘンリー・ウォッズワース・ロングフェローの子として生まれた。幕末期、一般人として来日し、江戸に家屋を購入。一年以上を日本で過ごした。

3 エドワード・S・モース［一八三八〜一九二五］

アメリカ生まれ。東京大学の教授として、一八七七年から三度にわたり訪日。庶民の風俗や暮らしに魅了され、さまざまな品を本国に持ち帰っている。大森貝塚の発見者として知られる。

第1章　出典

- 『幕末日本探訪記』 R・フォーチュン著　三宅馨訳（講談社）
- 『ロングフェロー日本滞在記』 C・A・ロングフェロー著　山田久美子訳（平凡社）
- 『ウェストンの明治見聞記』 W・ウェストン著　長岡祥三訳（新人物往来社）
- 『お雇い外人が見た近代日本』 R・H・ブラントン著　徳力真太郎訳（講談社）
- 『江戸幕末滞在記』E・スエンソン著　長島要一訳（講談社）
- 『日本中国旅行記』 H・シュリーマン著　藤川徹訳（雄松堂書店）
- 『日本人の住まい』 E・S・モース著　斎藤正二ほか訳（八坂書房）
- 『日本見聞記』 J・ブスケ著　野田良之訳（みすず書房）
- 『日本その日その日』 E・S・モース著　石川欣一訳（講談社）
- 『江戸参府随行記』 C・P・ツュンベリー著　高橋文訳（平凡社）
- 『日本奥地紀行』 I・バード著　高梨健吉訳（平凡社）
- 『W・S・クラーク その栄光と挫折』
  ジョン・マギルヴレー・マキ著　高久真一訳（北海道大学出版会）

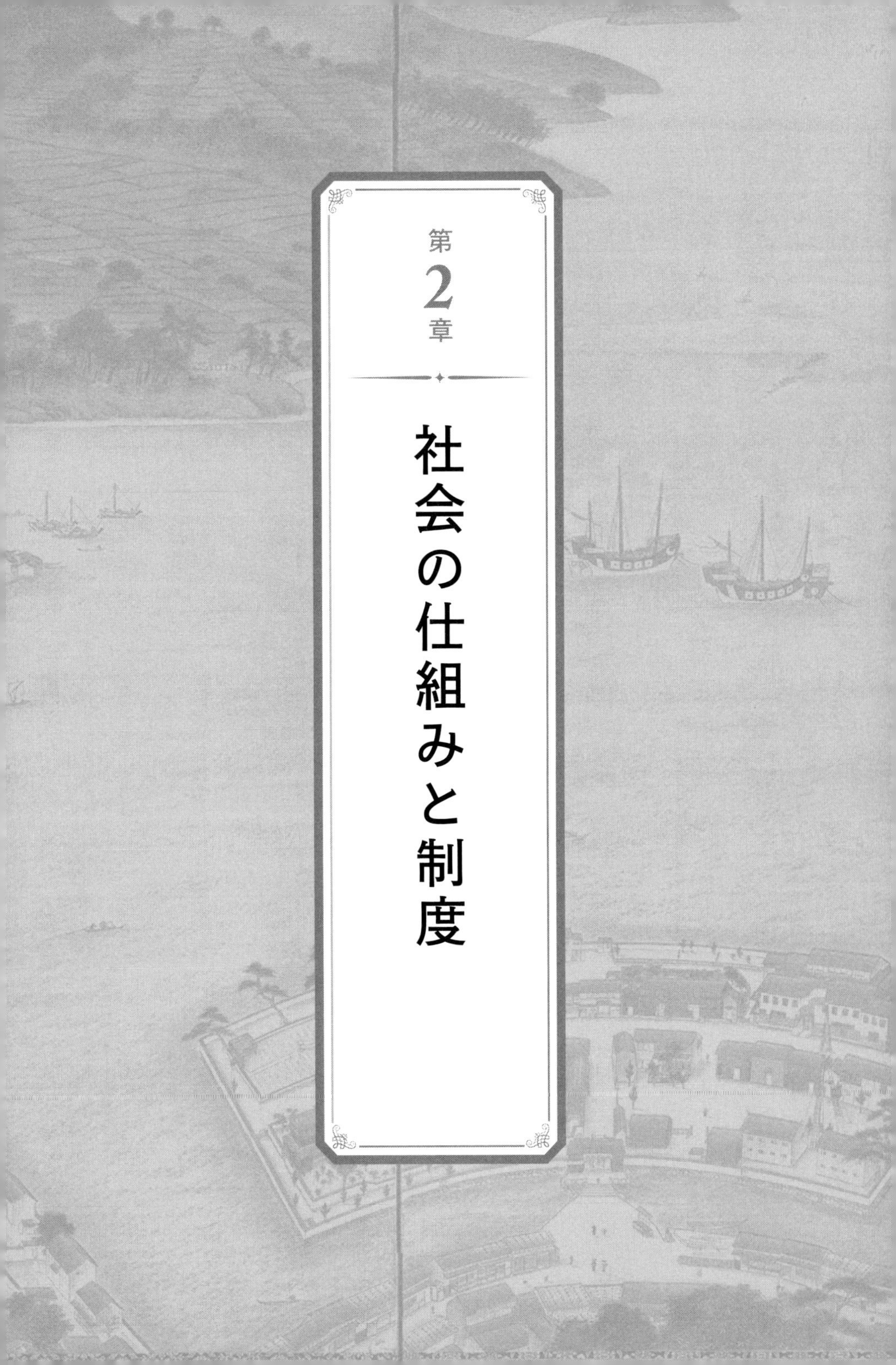

第2章

社会の仕組みと制度

2-1

「将軍」と「天皇」という二人の主権者
奇異に映った日本の体制

日本の真の最高権力者は誰か？

江戸時代、日本を訪れた外国人たちは、「天皇」と「将軍」という二人の大君《たいくん》がいることを知っておおいに混乱した。

たとえば、江戸時代初頭に九州に漂着し、のちに徳川家康の外交顧問となった**ウィリアム・アダムズ**[1]（＝三浦按針《みうらあんじん》、一五六四〜一六二〇／イギリス／航海士）は、家康への手紙のなかで、家康のことを「**皇帝**」や「**王**」などと呼んでいる。つまり、天皇と将軍を取り違えていたのだ。

そもそも将軍とは、「征夷大将軍」という官職を指す。源頼朝以来、この官職を得た者は幕府を開いて、政治・行政を担い、日本を統治してきた。

天皇は政治の表舞台には登場せず、学問をしたり神事に携わったり朝廷の政務を担うだけ

●江戸時代における幕府と朝廷の関係

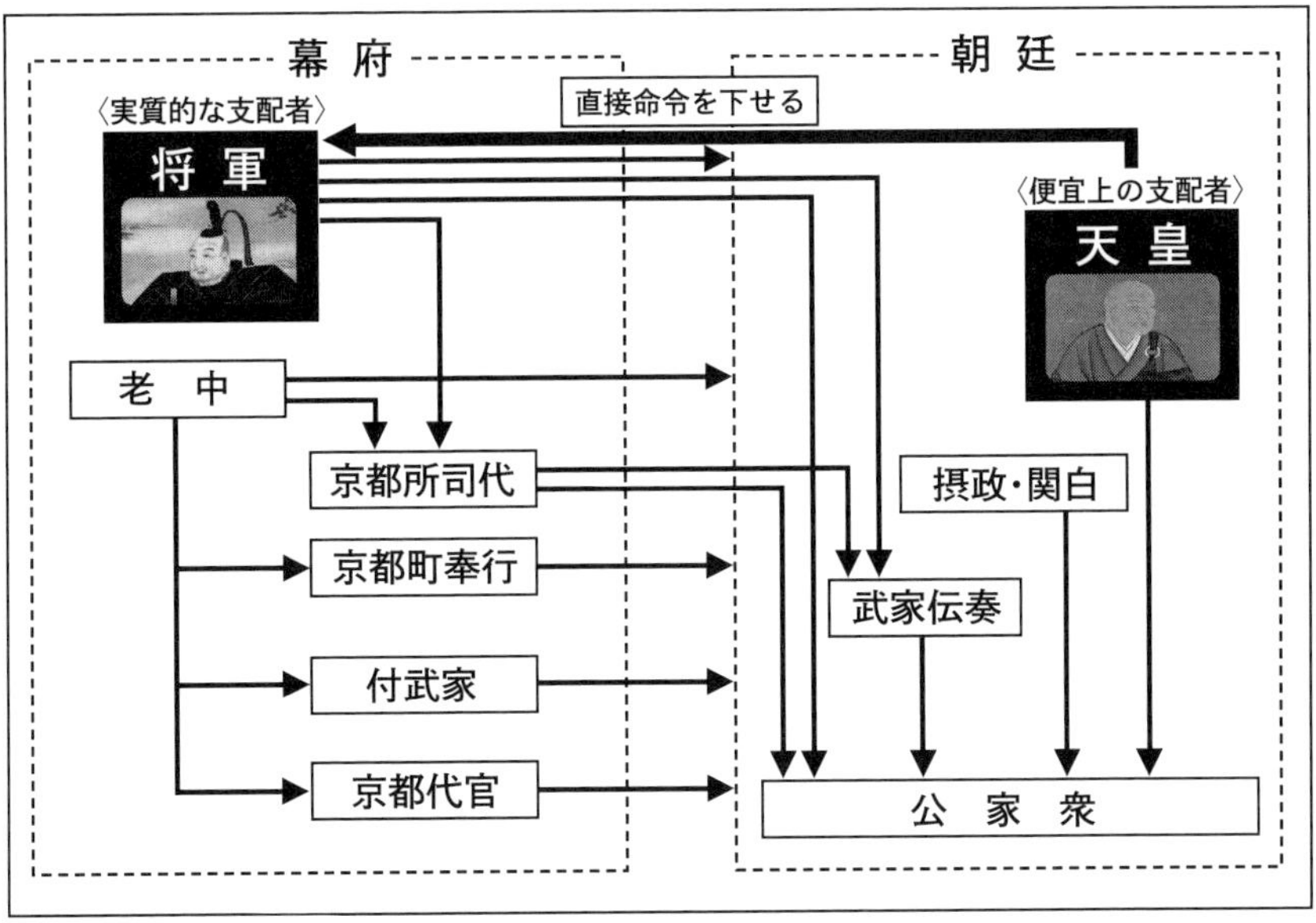

江戸時代、幕府は「禁中並公家諸法度」で天皇と公家の統制を行なった。しかし、将軍は天皇によって命名されたため、天皇から将軍へ命令はできても、将軍から天皇へ命令を行なうことはできなかった

だった。しかし、征夷大将軍の称号を与えるのはあくまでも天皇（朝廷）であり、それが与えられなければ日本の統治者にはなれなかった。

つまり形式的には、天皇のほうが将軍よりも高い権威をもっていたことになる。

江戸時代は、徳川家が代々将軍の地位につき、政治・行政の長の役目を担っていた。一方、天皇は「禁中《きんちゅう》並《ならびに》公家《くげ》諸法度《しょはっと》」によって行動が厳しく制限され、即位や譲位に関しても幕府におうかがいを立てなければならないような状況だった。

幕末に来日した[2]**ジョン・ブラック**（一八二七〜一八八〇／イギリ

ス／ジャーナリスト）が、「**将軍は、若干の大名によって選ばれねばならなかったが、文字どおり世襲の権利によって統治し、自分の望む者に、土地と称号を与え、首都から、自分の名において、自分の閣老によって、統治をした**」と書いているように（『ヤング・ジャパン』）、実質的な権力を握っていたのは天皇ではなく将軍だったのである。

「宗教的な皇帝と世俗的な皇帝」観の変化

こうした天皇と将軍の関係性について、一六九〇（元禄三）年に来日した**エンゲルベルト・ケンペル**[3]（一六五一〜一七一六／ドイツ／医師）は、「**二人の主権者が存在しており、天皇は、宗教上の皇帝であり、将軍は、俗界（政治上）の皇帝である**」と述べている（『日本誌（鎖国論）』）。

ケンペルの見解は、江戸時代中期から明治維新前まで、西洋人の間における共通認識となった。黒船を率いて浦賀に来航し、幕府に開国を迫った**マシュー・カルブレイス・ペリー**[4]（一七九四〜一八五八／アメリカ／軍人）もまた、「**日本は同時に二人の皇帝を有する奇異な体制を持っている。一人は世俗的な皇帝であり、もう一人は宗教的な皇帝である**」と記している（『ペリー提督日本遠征記』）。

ヨーロッパには各国の皇帝・国王とは別に、ローマ法王が存在している。各国の皇帝・国王が世俗の権力であるのに対して、ローマ法王はキリスト教（カトリック）世界の頂点として位置づけられている。全世界のカトリック教徒の精神的指導者である。西洋人は、その両者の関係性を、日本の天皇と将軍に重ね合わせたのかもしれない。

しかし、その見方も明治維新を機に大きく変化する。

古来、日本では内乱が起こった場合、天皇を味方につけ、三種の神器を手にした側が勝利してきた。旧幕府軍と新政府軍が対峙した戊《ぼ》辰《しん》戦争でも、結局は天皇がついた新政府軍が勝利し、新時代を切り開いていくことになった。

こうした歴史の流れを知った西洋人は、日本における天皇の存在の大きさに気がつき、天皇がたんに宗教上の皇帝にとどまらないことを認識したのである。

外国人プロフィール

1 ウィリアム・アダムズ［一五六四～一六二〇］

別名・三浦按針。イギリス生まれ。水先案内の職につき、その後オランダに渡って探検航海に加わり、一六〇〇年に日本に漂着。

2 ジョン・ブラック［一八二七～一八八〇］

イギリス生まれ。幕末期の日本にやって来て、『ジャパン・ヘラルド』をはじめとした新聞事業を次々展開。明治にかけて近代化の波に飲まれていく日本の変化を伝えた。

3 エンゲルベルト・ケンペル［一六五一～一七一六］

ドイツ生まれ。オランダ東インド会社に入り、一六九〇年に出島のオランダ商館付医師として来日。在日二年ののちオランダに帰る。

4 マシュー・カルブレイス・ペリー［一七九四～一八五八］

アメリカ生まれの海軍提督。幕末期の日本に二度来航し、日本を開国へと向かわせた。「日米和親条約」を締結したほか、来日時には日本に関して広く見聞し、当時の日本の風俗などを詳細に記録した。

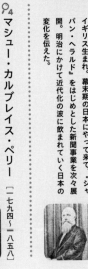

2-2

鎖国に理あり――日本の対外政策は外国人からも理解されていた

知られざる鎖国の実態

江戸時代の日本は、外国との交流をほとんど行なっていなかった。一六三九（寛永十六）年から一八五三（嘉永六）年のペリー来航までのおよそ二一〇年あまり、徳川幕府は外国との通商・交通を禁止、または極端に制限していたのだ。

この日本の対外政策を「鎖国」という。当初は鎖国という言葉は使われていなかったが、一九世紀の蘭学者・志筑忠雄が一六九〇（元禄三）年に長崎の出島に渡来したドイツ人医師**ケンペル**の著作『日本誌』の付録の一章を訳出し、「鎖国論」というタイトルをつけた。それ以来、「鎖国」の語が広まったといわれている。

ケンペルの鎖国に対する意見は、**「日本が鎖国をするのには理があり、国民は平和に幸福に**

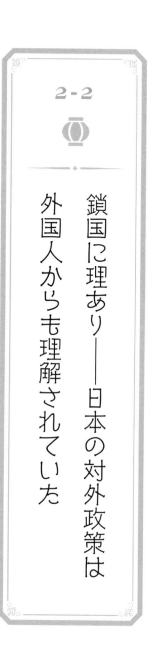

暮らしている」という好意的なものだった（『日本誌』）。日本は海で四方を囲まれており、物産も豊富。また、日本人は勇猛で調和を重んじる。そうした理由から、鎖国は正しいというのである。

●長崎の出島

川原慶賀『長崎港図』より。長崎につくられた出島（中央下）では、鎖国中もオランダとの交易が行なわれていた

また、幕末明治期に来日した**アルジャーノン・バートラム・ミットフォード**（一八三七〜一九一六／イギリス／外交官）は、「**外部の動きにまったく左右されずに、先祖代々からの神秘的な隠遁生活を送ってきた公家の中には、自由闊達な意見をすぐに期待するのは難しい人が多くいた**」と、閉鎖的な日本の根本の考えの根底に、朝廷の貴族たちの存在があると深い分析をした（『ミットフォード日本日記』）。

ただし、勘違いしがちだが、「鎖国」といっても、当時の日本は外国との門戸を完全に閉ざしていたわけではない。たしかに幕府はスペインやポルトガルの船の来航、日本人の海外渡航などを禁じたり、オランダ人を長崎の出島に移して集住させたりしたが、一部の国との交流は続けていた。具体的には、対馬・長崎・薩摩・松前の四つの窓口を通じて、朝鮮（対馬）、オランダ・中国（長崎）、琉球（薩摩）、アイヌ（松前）などとの交易を行なっていたのである。

朝鮮との交流を見てみると、日本からの正式な使節が五〇回以上朝鮮を訪れ、朝鮮から日本への使節、「朝鮮通信使」も一二回来訪している。日本でごく普通に生活する朝鮮人や中国人の帰化人もおり、武士・町人・職人など多くの分野で活躍していた。

つまり幕府は、諸外国との関係を遮断したというよりも、列島規模で交流の統制を行なったにすぎないのである。

●鎖国下における日本の4つの窓口

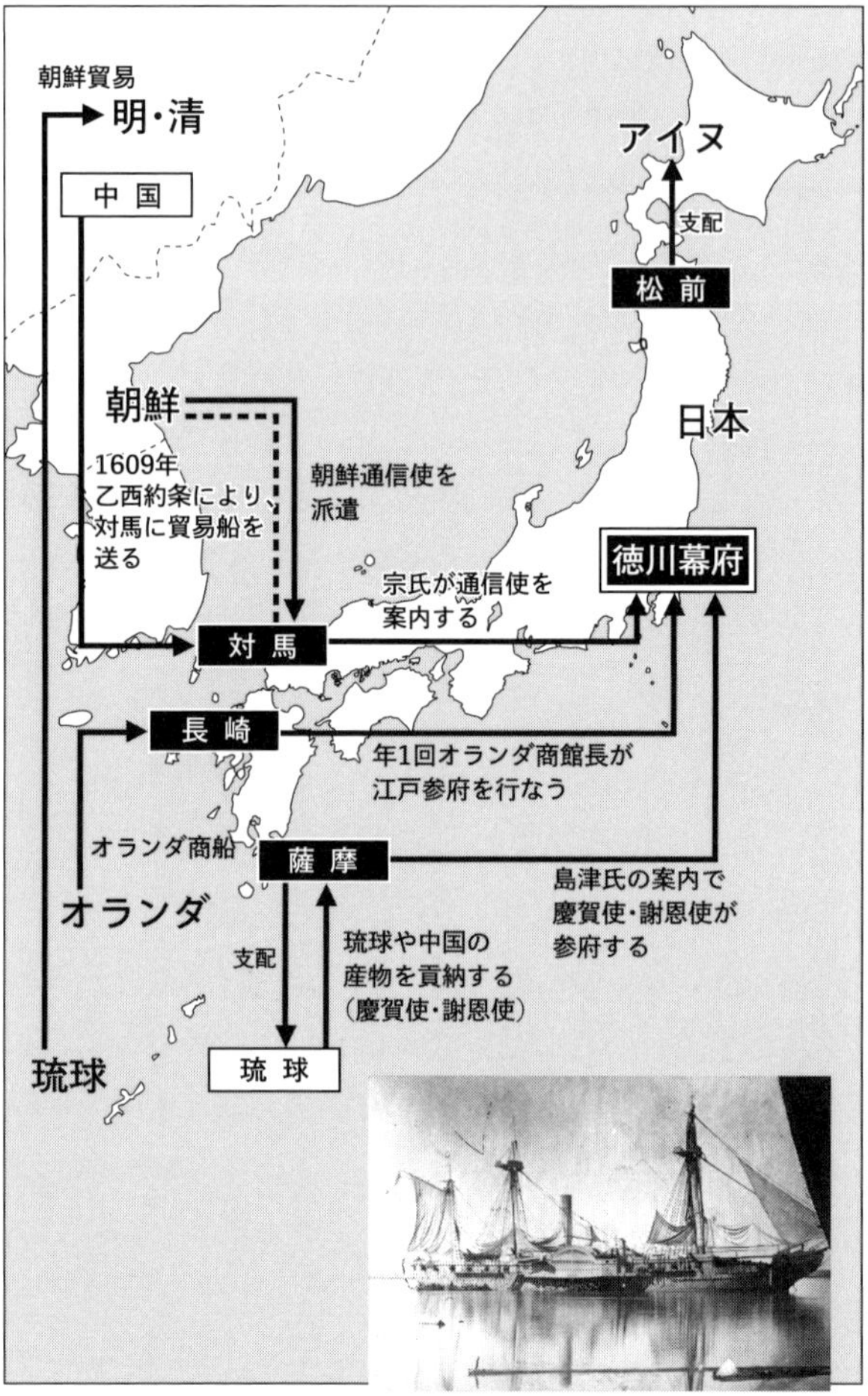

ペリー艦隊のミシシッピ号

鎖国は外国との通商・交通を禁止する政策ではなく、交易ルートを絞る政策だった。当時残されたのは、オランダ・中国－長崎、琉球－薩摩、朝鮮－対馬、蝦夷－松前の４ルートである

やはり「鎖国」は賢明な政策だった？

「徳川幕府が国を閉ざすことによって、日本の民族が平和的にまたは経済的に豊かに、しかも精神的に自由な生活を営むことができた」（『日本誌（鎖国論）』）

ケンペルがこういうように、結果的にみると、鎖国は間違ってはいなかったように思われる。当時、ヨーロッパは植民地主義の時代に突入しており、スペイン・ポルトガル・オランダ・イギリスなどの列強が、貿易とキリスト教の布教を目的として、アフリカ・アメリカ・アジアへの侵略を続けていた。

その危険性を、幕府がいちはやく察知し、西洋人に対する門戸をしだいに閉ざしていったおかげで、日本は植民地化をまぬかれることができたともいえるからだ。

西洋との交流が少なかったことで近代化が遅れたという側面もあるが、日本人は平和のなかで質の高い文化を維持してきたのである。

外国人プロフィール

1 エンゲルベルト・ケンペル［一六五一～一七一六］

ドイツ生まれ。オランダ東インド会社に入り、一六九〇年に出島のオランダ商館付医師として来日。在日二年ののちオランダに帰る。

2 アルジャーノン・バートラム・ミットフォード［一八三七～一九一六］

イギリス生まれ。英国公使館の書記官として一八六六年に来日。四年の任期を終え一時帰国したのち二度日本を訪れている。日本語の研究を続け、一八七一年には『昔の日本の物語』を発表している。

2-3

急速な近代化を賞賛する反面、行き過ぎを諫める声も上がった

人類史上最も目覚ましい発展

明治時代の日本人は近代化＝西洋化を目指して、脇目もふらずに働いた。そんなようすに、西洋の先進国は目を見張った。世界最古の日刊新聞として知られるイギリスの高級紙「**ザ・タイムズ**」は、日本の進化の凄まじさを次のように記している。

「**日本の発展は、近年のみならず人類の歴史のなかでももっともめざましいものの一つである。**（略）**日本人は自国の高度な文明をもつことに非常に熱心である**」（一八七三年八月二十八日付）。さらに同紙は、「**日本人が西洋の習慣や科学を摂取・同化していくスピードは、当代のもっとも大きな脅威の一つである。そして、いま極東**（日本）**で起こりつつある変化は、たんなる外国の模倣ではなく、国内における変化によるものである**」（一八七六年五月三十日付）

とも述べ、西洋文明の導入によって変わりゆく日本の姿に驚嘆している。

西洋化を急ぐ日本人を憂う

その一方で、指導者として政府に雇用されたお雇い外国人たちは、近代化を急ぐあまり浮き足立った日本のようすを見逃さなかった。

一八七三（明治六）年に来日し、東京帝国大学などで教鞭をとった**バジル・ホール・チェンバレン**[1]（一八五〇～一九三五／イギリス／日本学者）は、「**日本人はヨーロッパが一五世紀も二〇世紀もかけて成し遂げたものを、三〇年から四〇年で成し遂げたと自慢する**」「**西洋人は競争に遅れたと、われわれを嘲る者もいる**」と苦々しい思いを記す（『日本事物誌』）。加えて、ベルリンから帰国した日本人の学者が、「哲学を学ぶためにドイツへ行くのは時間の浪費だ。東京でもっと立派な哲学は教えられている」と語ったエピソードも伝えている（同書）。

「津波」という言葉を西洋にはじめて伝えたことで知られる**エリザ・ルーモア・シドモア**[2]（一八五六～一九二八／アメリカ／女流作家・記者）も、「**伝統ある貴重な遺産を捨て去り、特徴のない金太郎飴を量産する前代未聞の努力をして、西洋諸国から賞賛、同情、気前のよい援助を得ようとした外国追従の惨めな姿勢は、かえって西側世界の反発に遭いました**」と批判の目を向けている（『シドモア日本紀行』）。

北海道の開拓に貢献した**エドウィン・ダン**[3]（一八四八～一九三一／アメリカ／畜産技術者）

も、伝統を捨てて西洋化を目指す日本の姿勢を否定した。彼は日本の伝統や社会を深く愛しており、「**日本人は日本人として前進しなくてはならぬ**」と憂いた。日本人が古い拘束や習慣から解放されるのはよしとしても、それまでの美徳さえ時代遅れと排斥するのは「**愚の骨頂**」と考えたのである（『日本における半世紀の回想』）。

近代化を急ぐ日本の姿を滑稽だと評した外国人も少なくなかった。代表的なのが画家の**ジョルジュ・ビゴー**[4]（一八六〇～一九二七／フランス／画家）である。

ビゴーは、西洋化を急ぐ日本人がばかばかしく見えたようで、欧米の文明と摩擦を起こす日本人の姿を大げさかつ辛辣に描いた。それらは雑誌「トバエ」や『クロッキー・ジャポネ』などの画集に見られる。

またイギリスの記者として来日した**チャールズ・ワーグマン**[5]（一八三二～一八九一／イギリス／ジャーナリスト・漫画家）は、「**牛肉を食べてビールを飲めば一人前になれると思っている馬鹿な鳥**」としてオウムを描き、そ

●日本人＝オウム

チャールズ・ワーグマン画「馬鹿鳥の肖像」。牛肉とビールを口にするオウムをコミカルに描き、ものまねをして得意になっている日本人の滑稽さを強調している（『ワーグマン日本素描集』岩波書店より）

の背中に「Young Japan」と記した（『ワーグマン日本素描集』）。オウムはものまねを得意とする鳥。いくら西洋化を進めたとしても、無批判に受け入れるだけでは、たんなるものまねで終わってしまうという痛烈な皮肉を込めた作品である。近代化を急ぐあまり、本来の自分を見失っている日本人を、外国人たちは冷静に観察していたようだ。

外国人プロフィール

1 バジル・ホール・チェンバレン［一八五〇～一九三五］

イギリス生まれ。一八七三年に来日し、海軍兵学寮で英語を教え、のちに東京帝国大学で教鞭をとった。一九世紀後半から二〇世紀はじめの日本研究の第一人者。

2 エリザ・ルーモア・シドモア［一八五六～一九二八］

アメリカ生まれ。女性として初の米国地理学協会理事に就任した東洋研究の第一人者。日本には計三度訪れている。

3 エドウィン・ダン［一八四八～一九三一］

アメリカ生まれ。牧場に生まれ、若くして獣医学などを研究していた。一八七三年、北海道の開拓技術者として来日すると、函館で農畜産技術の指導を行なった。

4 ジョルジュ・ビゴー［一八六〇～一九二七］

フランス生まれ。パリの名門美術学校を退学後、挿絵画家として活躍。一八八二年に来日し、陸軍士官学校の講師の仕事をしながら日本の風俗などを風刺画で表現した。

5 チャールズ・ワーグマン［一八三二～一八九一］

イギリス人ジャーナリスト、漫画家。一八六一年に来日し、横浜に居住。西洋風の漫画がポンチ絵と呼ばれ文明開化の風物となった。日本女性とのあいだに一男を設けた。

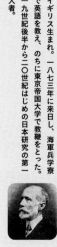

2-4

泥棒や強盗がほとんどいない！ 誰もが舌を巻いた治安のよさ

泥棒の少なさは戦国時代から折り紙つき

日本は治安のよい国として知られており、財布や携帯電話などの貴重品を紛失しても、かなりの確率でそのまま戻ってくるといわれる。また田舎に行くと、外出する際に鍵をかけなくても平気だという地域が少なくない。

数百年前も似たような状況だったらしく、戦国時代から江戸時代にかけて日本にやって来た外国人は、盗みを働く者が少ないことに驚いている。

たとえば、日本にはじめてキリスト教を伝えた**フランシスコ・ザビエル**（一五〇六〜一五五二／スペイン／宣教師）は、「**こんなに泥棒が少ないのは珍しいです**」と書き残している（『聖フランシスコ・ザビエル全書簡』）。

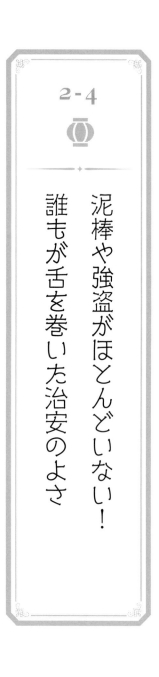

●江戸の治安を守るしくみ

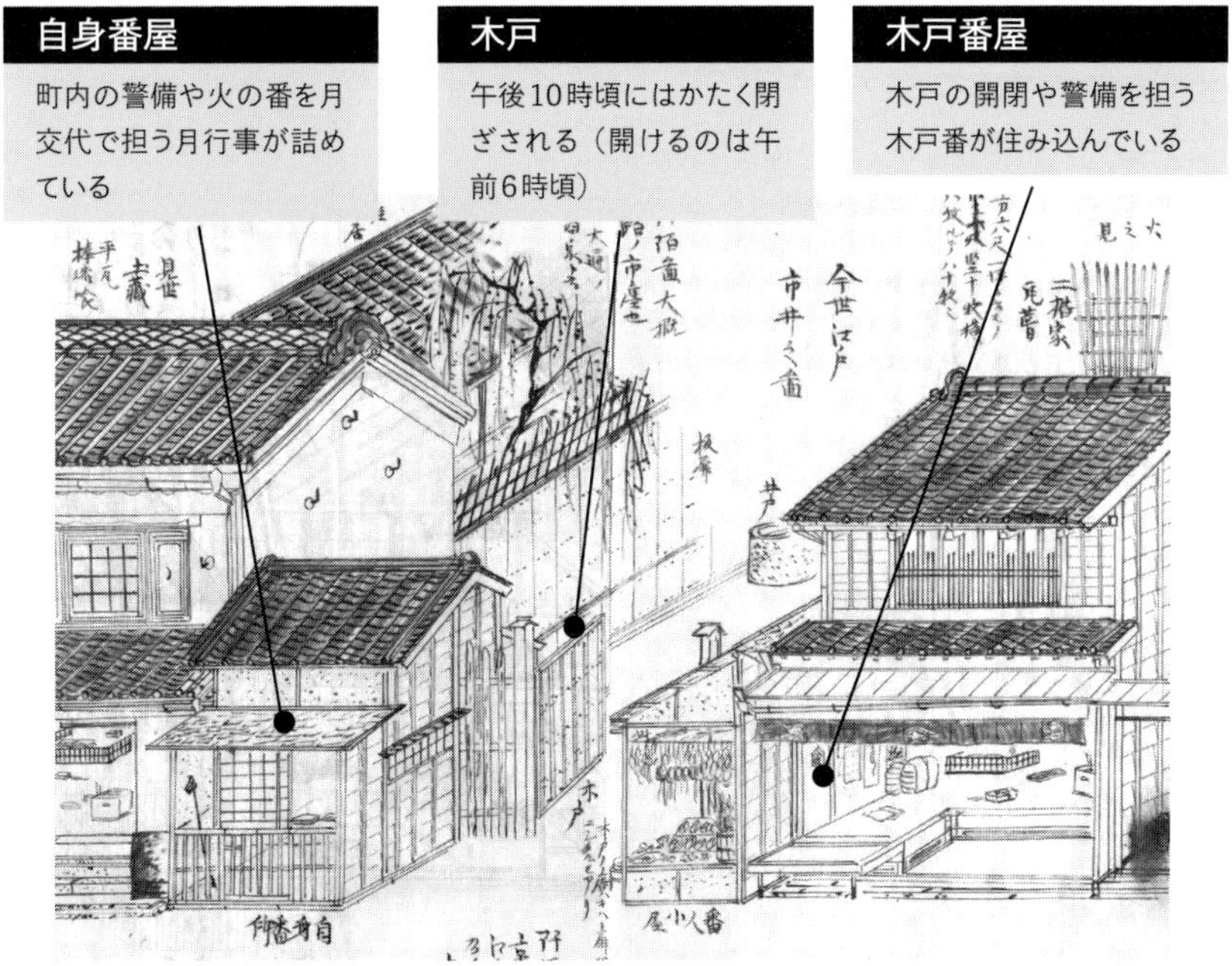
自身番屋
町内の警備や火の番を月交代で担う月行事が詰めている
木戸
午後10時頃にはかたく閉ざされる（開けるのは午前6時頃）
木戸番屋
木戸の開閉や警備を担う木戸番が住み込んでいる

江戸の街では路地や各町の境に木戸が設置され、治安維持のために夜から朝にかけて閉めるようにしていた

江戸時代に長崎の出島に着任していた**カール・ペーテル・ツュンベリー**（一七四三〜一八二八／スウェーデン／医師・植物学者）も、**「この国ほど盗みのない国はほとんどないであろう。強奪はまったくない。窃盗はごく稀に耳にするだけである。それでヨーロッパ人は幕府への旅の間も、まったく安心して自分が携帯している荷物にほとんど注意を払わない」**と、治安のよさにほとほと感心していることがわかる（『江戸参府随行記』）。

●窃盗罪に対する江戸時代の刑罰

罪状	刑罰
強盗殺人	市中引き廻しのうえ **獄門**(公開死刑後さらし首)
追いはぎ	**獄門**または死罪
強盗傷害	死罪
窃　盗	10両以上：死罪 10両未満：重敲(むち打ちの刑)ののち、**入れ墨**を入れられる ➡三度捕まると死罪
空き巣	重敲ののち、**入れ墨**を入れられる

戦国期から江戸時代にかけて、窃盗罪に対する刑罰は非常に厳しかった。10両以上盗まれた被害者も、犯人が死刑では後味が悪いからということで、被害額を少なめに申告することがあったという

たった一度の盗みで死刑になることもあった

日本の治安がよい理由としては、仏教の教えに基づく「利他」の精神が醸成されてきたことがあげられるが、そのほかにも大きな理由が存在した。それは、厳しい刑罰が多かったからだ。ザビエルも次のように分析している。

「(日本で窃盗が少ないのは) **法律が厳格に施行されているためです。泥棒がつかまると、生命は決して容赦されません。彼らは盗みの悪徳を極度に嫌います**」『聖フランシスコ・ザビエル全書簡』)

盗みをすると、容赦なく死刑にされる。現代では、どんな高額の盗みでも、それだけでは死刑にならないが、かつては極刑になることも珍しくなかったのである。

江戸時代の「勘定書百箇条」の五十六条には、窃盗についての刑罰がまとめられている。それによると、戸を閉めている人の家や土蔵に忍び込んでの盗みは、被害の多少に関わらず死罪とされた。

また、手元にあるものを盗みとる、つまりネコババのような犯罪でも、その金額が一〇両以上(現代の価値にして一〇〇万円前後に相当)、あるいはそれに該当する物品ならば、やはり死罪となった。さらに、罪を重ねて、その合計が一〇両となっても死罪とされた。これが「一〇両盗むと首がとぶ」という落語の言葉の由来である。

ただし、白昼に戸を開け放していたり、人のいないところでちょっとした盗みに入られた場合は、盗まれた側にも落ち度があるとみなされ、入れ墨をされて一定回数叩かれる敲《たたき》の刑に減刑された。もっとも、敲は大の男が満身の力をこめて五〇回も一〇〇回も叩くというものなので、命にかかわることもあったという。

驚きの「公正なる」裁判

江戸時代は、裁判も厳格なものだった。西洋の場合、身分によって罪が軽減されたり、見逃されるケースもあったが、日本の裁判は身分の上下にかかわらず公正に行なわれた。ツュンベリーはこの点に驚きを示し、次のように述べている。

「正義は広く国中で遵守《じゅんしゅ》されている。（略）裁判所ではいつも正義が守られ、訴えは迅速かつ策略なしに裁決される。有罪については、どこにも釈明の余地はないし、人物によって左右されることもない」（『江戸参府随行記』）

このように、戦国時代から江戸時代にかけての日本の良好な治安は、厳しい刑罰と公正な裁判が大きく影響していたものと考えられる。しかし幕末以降、外国人が増えると、それとともに凶悪な犯罪も増え、治安はしだいに悪化していった。そして再び良好な治安を回復するまでには、長い時間を要したのである。

外国人プロフィール

1 フランシスコ・ザビエル［一五〇六～一五五二］

スペイン生まれ。パリの大学で哲学教授の資格を得ると、同大学で講義を担当。のちに神学を学び、イエズス会へ入会し、伝道活動を開始、一五四九年に来日した。九州を中心に布教を行なった。

2 カール・ペーテル・ツュンベリー［一七四三～一八二八］

スウェーデン生まれ。大学で医学と博物学を学んだのちオランダ東インド会社に入社。一七七五年に長崎県の出島にあったオランダ商館に医師として赴任した。植物や昆虫を採集し、「日本博物学の父」と呼ばれた。

2-5

治安を維持した厳罰主義だが、連座制には批判の目が向けられた

本人だけでなく、無関係の親族も有罪に！

江戸時代に厳罰に処されたのは、もちろん窃盗だけではない。現代と同様、殺人・傷害・放火・詐欺・横領などが重罪とされた。さらに罪を犯した者ばかりか、その罪には関係のない家族や近親者までもが処罰されるケースもあった。連座制である。

江戸時代前期、オランダ東インド会社の料理人見習として平戸に渡来し、のちにオフンダ商館助手にまで出世した**フランソワ・カロン**（一六〇〇～一六七三／オランダ／商人）は、連座制について次のように説明している。

「**皇帝の下知《げち》命令に違《たが》うこと、皇帝によって任命せられた奉行の悪政、皇帝の収入減少及び横領・貨幣贋造《がんぞう》・放火・人の妻娘と強姦すること、婦女を甲地から乙地へ誘拐する類は、皆刑事**

上の事件である。かかる犯罪に対する処刑は本人のみならず、本人の近親に及ぶ」(『日本大王国史』)

そもそも連座制は、犯罪者の一族を根絶やしにし、他の者への見せしめにしようというもので、かつては世界各国でみられた。近代になると、廃止する国が増えていったが、江戸時代前半の日本では、とくに武士に対して厳しく適用されていた。

江戸時代の有名な連座制適用事例としては、一六五一(慶安四)年に起きた由井正雪《ゆいしょうせつ》の乱に対する処断があげられる。幕政を批判する軍学者の由井正雪が浪人たちを集めて反乱計画を企てたが、事前に発覚。正雪は自刃《じじん》し、もう一人の首謀者である丸橋忠弥《まるばしちゅうや》は処刑された。この刑の執行にあたり、二人の家族・親族、さらに門弟・友人たちまでもが殺された。事件には無関係にもかかわらず、である。

❖ある事件に連座した人々の悲惨な出来事

カロンは連座制に違和感を抱いていたのだろう、この制度が適用されたある事件について次のように克明に書き残している。

「**江戸に近い地方に任命された一人の代官が、幕府の規定以上の年貢を百姓に納めさせて、数年にわたって私腹を肥やしていた。だが、百姓たちはあまりの年貢の重さに耐えかね、救**

済を訴え出ると、代官は切腹を命じられた。

このとき、代官の親族も切腹とされた。江戸やその近在にいた者のみならず、薩摩藩に仕えていた叔父も、肥後《ひご》藩に仕えていた兄弟も、紀伊、仙台でそれぞれ仕えていた息子も、大坂の富裕な商人に望まれて養子となっていた末子まで、切腹を命じられたのである。

親族が罪とは無関係なことは明白なのに、いっさい容赦はされなかった。しかも、当の代官と同じ日、同じ時刻に切腹させよ、と遠隔の地の領主のもとに使者が出され、命令は厳格に遂行された」（『日本大王国史』）

カロンらは、処刑された大坂の商人を見知っていたため、この悲惨な出来事を知ったという。そして、跡取りを失った商人が悲嘆のあまり死去したこと、その養子と結婚していた商人の娘が自殺しようとしたものの監視の目が厳しくてそれを果たせず、ついには飲食を断って死を選んだことを哀れんだ。最後にカロンは、「**かかる場合に往々何が生ずるか、理解ある同情を以て考察すべきであろう**」と結んでいる。

外国人プロフィール

フランソワ・カロン［一六〇〇～一六七三］

フランス人の両親のもとでオランダ領ブリュッセルに生まれた。一九歳のときにオランダ東インド会社に入社、船員として来日。平戸のオランダ商館に勤務し、日本女性と結婚した。

第2章 出典

- 『ヤング・ジャパン』 J・R・ブラック著　禰津正志訳（平凡社）
- 『日本誌（鎖国論）』 E・ケンペル著　今井正訳（霞ケ関出版）
- 『ペリー提督日本遠征記』 M・C・ペリー著　木原悦子訳（小学館）
- 『一外交官の見た明治維新』 E・サトウ著　坂田精一訳（岩波書店）
- 『ミットフォード日本日記』 A・B・ミットフォード著　長岡祥三訳（講談社）
- 『日本事物誌1．2』 B・H・チェンバレン著　高梨健吉訳（平凡社）
- 『シドモア日本紀行』 E・R・シドモア著　外崎克久訳（講談社）
- 『日本における半世紀の回想』 E・ダン著
  ※引用元は『北海道を開拓したアメリカ人』藤田文子（新潮社）
- 『聖フランシスコ・ザビエル全書簡』 フランシスコ・ザビエル著　河野純徳訳（平凡社）
- 『ワーグマン日本素描集』 C・ワーグマン著　清水勲訳（岩波書店）
- 『江戸参府随行記』 C・P・ツュンベリー著　高橋文訳（平凡社）
- 『日本大王国史』 F・カロン著　幸田成友訳（平凡社）

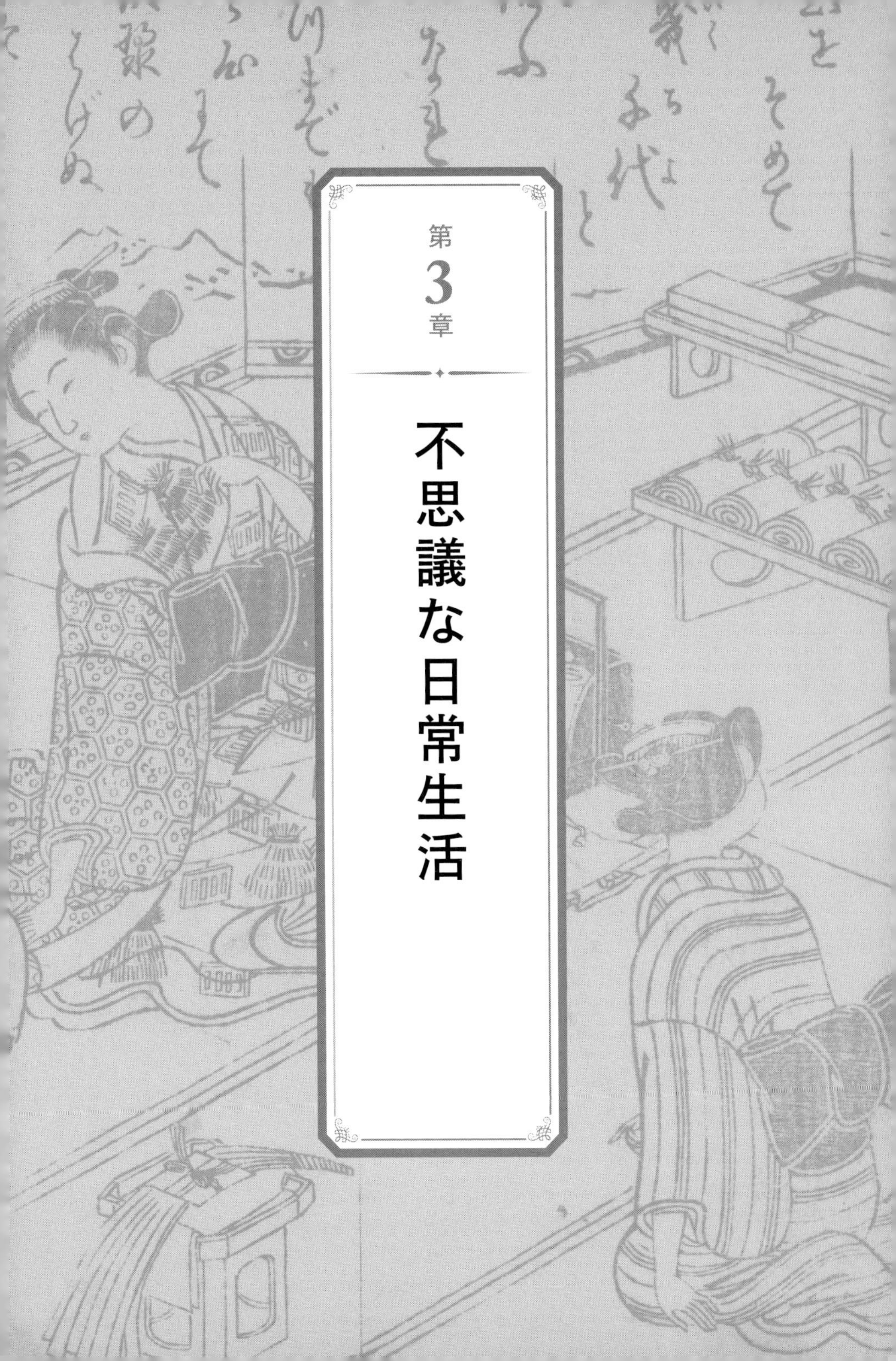

第3章

不思議な日常生活

3-1

世界でも稀に見る入浴習慣を、手放しで絶賛したわけではない

日本人は世界一清潔な国民

日本人は大の風呂好きとして知られている。身体の汚れを落とすのはもちろん、治療に用いたり（温泉）、心身を清めたり、娯楽・社交の場として利用するなど、日本人は昔から風呂に親しんできた。

とくに江戸時代の人々の風呂好きは相当なものだった。上級武士の家には内風呂があり、庶民は、銭湯を憩いの場としても楽しんだ。風呂の種類も、蒸し風呂の一種である「戸棚《とだな》風呂」、現在のようにお湯に肩までつかる「据《す》え風呂」、桶に鉄の筒を入れて下で火をたく「鉄砲風呂」、桶の底に平釜をつけて湯をわかす「五右衛門《ごえもん》風呂」など、さまざまな風呂が次々に登場した。

こうした日本人の風呂好きは、幕末明治期に渡来した西洋人たちをおおいに驚かせることに

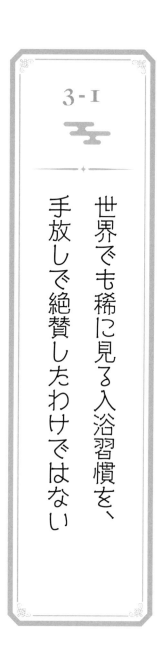

なった。たとえば、幕末に訪日した**ローレンス・オリファント**[1]（一八二九〜一八八九／イギリス／外交官）は、長崎に上陸した翌日に町に出かけ、次のような印象を書き残している。

「人々もみな清潔だ。というのは、この町で一番よく見かける光景は、婦人たちが家の前、あるいは表通りに向かって開いた玄関先で、バスタブに入って体を洗っている姿であるからだ。私は女性がこれほど清潔にしている国は他に見たことがない」（『エルギン卿遣日使節録』）

　また、明治時代に日本美術収集に熱を上げた**アドルフ・フィッシャー**[2]（一八五六〜一九一四／オーストリア／芸術史家）は、**「各家庭にも風呂はあるけれども、東京だけでも毎日三〇万人以上の人々が利用する八〇〇軒の銭湯がある。**（略）**東京より入浴がさかんなところはない」**と断言

●江戸の銭湯

ざくろ口
奥にある浴室の浴槽の温度を保つために狭くなっている
2階
はしごで2階へに上がると、そこは社交場となっており、男衆が話に花を咲かせた
洗い場
当初は男女混浴が当たり前だったが、江戸時代後期になると、風紀を乱すという理由で男湯と女湯に分けられた
脱衣所
洗い場との間には仕切り戸が設けられていなかった

している（『明治日本印象記』）。

当時のヨーロッパでは、貴族階級であっても風呂に入るのは数ヵ月に一度くらいの頻度だったとされる。当然、庶民はそれより少なかっただろう。庶民の間で風呂に入るのが習慣化したのは、第一次世界大戦以降のことだった。したがって、彼らが日本人の風呂好きぶりに驚いたとしても、なんら不思議ではなかったのである。

風呂が日本女性の老化の原因!?

西洋人にとっては、日本人の入浴作法も非常に興味深かったようだ。日本では家族皆が同じお湯に入る。明治時代はまず客が入り、次に家族のなかの男性、次に女性、最後に使用人たちという順番で同じお湯を利用していた。

フィッシャーはこの習慣について、「気持ち悪そう」と述べている。だが、「毎日入浴している人は異常なほど清潔」であるから、「実際にはけっしてそんなことはない」とフォローを忘れない（『明治日本印象記』）。

一方、幕末に来日した[3]**ラファエル・パンペリー**（一八三七〜一九二三／アメリカ／鉱山技士）は、**「毎日の入浴による衛生上の効果からみた大きな効能は、取り換えのきく肌着をつけないことで帳消しになる」**と述べている（『日本踏査紀行』）。日本人は同じ下着を長く着続けるため、せっかく毎日風呂に入っても意味がないというのだ。

いずれにせよ、ほとんどの西洋人が日本人の風呂好きを認め、清潔な国民と評価しているが、なかには、現代人からみると首を傾げたくなるような意見もある。

とりわけユニークなのが、幕末に滞在した**エドゥアルド・スエンソン**（一八四二～一九二一／デンマーク／軍人）だ。彼は「（日本人の娘は）**二十五～三十歳に近づくと美貌は廃れ、顔には皺がよって黄土色になり、顔つきもたるんで身体全体が醜い容貌になっていく**」という。そして、その最大の原因の一つが「**毎日のように浴びる熱い湯の風呂である**」と推測しているのだ（『江戸幕末滞在記』）。

たしかに熱すぎる風呂には弊害もあるが、この見解はいささか言いすぎだろう。とはいえ、日本人の入浴習慣が西洋人の目に奇異に映っていたことは、やはり間違いないようだ。

外国人プロフィール

1 ローレンス・オリファント［一八二九～一八八九］

南アフリカ生まれのスコットランド人。エルギン卿と出会って清国へ同行し、一八六〇年に日本公使館の第一書記官に任命された。

2 アドルフ・フィッシャー［一八五六～一九一四］

オーストリア生まれ。一八九二年に初来日を果たし、以後六度も来日している。東アジア美術史・東アジア民族の研究家でもある。

3 ラファエル・パンペリー［一八三七～一九二三］

アメリカ生まれ。江戸幕府に招聘され、蝦夷の地質調査を行なった。火薬を使った採掘技術を日本に伝える。

4 エドゥアルド・スエンソン［一八四二～一九二一］

デンマーク生まれで海軍軍人として来日。その後、明治に入ってから大北電信会社の責任者として再来日し、海底ケーブルの設置作業を行なった。

3-2 履物を脱いで畳に正座する生活は外国人には苦痛でしかなかった

なぜ、玄関で靴を脱ぐのか？

現代の日本人の生活はかなり西洋化しているが、玄関で靴を脱ぐという作法はいまだに変わっていない。

自宅に帰ったとしても、靴を履いたままではリラックスできないし、「土足で踏み込む」という言葉があるように、他人の家に履物を履いたまま上がるなど、とても考えられない。

しかし、幕末明治期に日本を訪れた西洋人は、この作法を理解するのに苦しんだ。西洋で靴を脱ぐのは、寝室などのごくプライベートな場だけに限られるが、日本では城中で将軍や大名に拝謁《はいえつ》する際はもちろん、庶民の粗末な家に立ち寄るときでさえも、同じように靴を脱がねばならない。戸惑いを覚えるのも当然だった。

それでも、彼らはしだいに日本の生活に適応し、戸口で靴を脱ぐ作法が習慣化するようになる。日本の生活は、食べる・眠る・坐るなど、ほとんどが畳の上で行なわれるため、靴を履いたままだと畳を汚してしまう。そのことを理解したのだ。

スエンソンは、「**日本の家屋の床には一面に厚さが一インチほどの竹の皮のマットが敷いてあり、その清潔さ、その白さは壁や窓に劣らない**」と記している（『江戸幕末滞在記』）。

藺草で編んだ畳が、竹の皮のマットに見えたのだろう。

●草履を脱いで座敷にあがる旅人

『東海道五拾三次』（歌川広重）より。旅籠の前で客引きの女が旅人をつかまえ、引き入れようとしているところ。「佐野屋」では、旅人が草履を脱ぎ、桶で足を洗うようすが見える（国立国会図書館蔵）

また女性ジャーナリストの先駆けとしてアメリカからやってきた**エリザ・ルーモア・シドモア**（一八五六～一九二八／アメリカ／女流作家・記者）は、茶道を体験した際、「**厳しい作法に従い、まず靴を脱ぎました。というのは、そのままだと磨き上げられた木製の廊下や部屋の柔らかく美しい畳に触れ、すぐにピアノの鍵盤に釘を打ったような靴跡が残るからです**」と述べており（『シドモア日本紀行』）、日本独自の作法に理解が及んだことがわかる。

しかしシドモアも、正座を続けるには、**「不慣れで抵抗する筋肉や腱《けん》の許すかぎり」**と、限界を感じていたようだ。

摩訶不思議な姿勢「正座」に悶絶

縄文時代の遺跡・大森貝塚を発見したことで知られるお雇い外国人の**エドワード・S・モース**[3]（一八三八〜一九二五／アメリカ／動物学者）もまた、正座するのは一苦労だったようだ。

「長靴や短靴の硬い踵だと、畳面に深い跡型をつけるばかりでなく、突き破ったりすることがある」と、靴を脱ぐ習慣を理解し受け入れつつも、正座については**「外国人にとっては相当に苦痛で、慣れるためにはただ練習する以外にない」**と音を上げているのである（『日本人の住まい』）。

さらにモースは、正座とはどんな姿勢かについて、縷々《るる》描写している。

「畳の上で休憩する場合、日本人は膝を折り曲げた姿勢を取る。つまり、双方の脚部を折り曲げて体の下に納める。臀部は両こむらと両きびすの内側の上にのっかるようになる。足指は内側へ向いた形になるが、これは、内側へ仕舞い込んだほうの足の甲の上部が、直接に畳面に当たるようにするためである」（同書）

正座は、欧米人にとって理解しがたい不可思議な姿勢だった。だからこそ、モースは、正座について事細かに描写することで、異国の変わった生活習慣を海外に伝えようとしたのだろう。はたして、うまく伝わったかどうか……。

とはいえ、日本人も彼らの悶絶ぶりを笑うことはできない。モースは同書で、「**日本人でさえ数年も外国暮らしをやると、端座（正座）する生活に戻ることがことのほかむずかしくなり、かなり苦痛のようである**」と記している。

これは、まさに現代の日本人の姿。西洋化した生活を長く続けた結果、多くの日本人は正座が苦手で、恐怖感すら抱くようになってしまったのである。

外国人プロフィール

1 エドゥアルド・スエンソン［一八四二～一九二一］

デンマーク生まれで海軍軍人として来日。その後、明治に入ってから大北電信会社の責任者として再来日し、海底ケーブルの設置作業を行なった。

2 エリザ・ルーモア・シドモア［一八五六～一九二八］

アメリカ生まれ。女性として初の米国地理学協会理事に就任した東洋研究の第一人者。日本には計三度訪れている。

3 エドワード・S・モース［一八三八～一九二五］

アメリカ生まれ。東京大学の教授として、一八七七年から三度にわたり訪日。庶民の風俗や暮らしに魅了され、さまざまな品を本国に持ち帰っている。大森貝塚の発見者として知られる。

3-3

身分の差に関わらず読み書きできた庶民層の文化水準に感心しきり

日本人の識字率は数百年間ナンバーワン

教育水準の高さを知る指標の一つに「識字率」がある。日本人はこの識字率が非常に高く、なんと数百年にわたって世界一の座を維持し続けている。幕末明治期には、多くの外国人が日本人の識字率の高さに驚き、書物に残した。

まず黒船でやってきた[1]**マシュー・カルブレイス・ペリー**（一七九四〜一八五八／アメリカ／軍人）は、「**読み書きが普及していて、見聞を得ることに熱心である。**（略）**彼らは自国についてばかりか、他国の地理や物質的進歩、当代の歴史についても何がしかの知識を持っており、**（略）**ヨーロッパの戦争、アメリカの革命、ワシントンやボナパルトについても的確に語った**」（『ペリー提督日本遠征記』）と絶賛している。

●滋賀・岡山・鹿児島における明治期の自著不能率

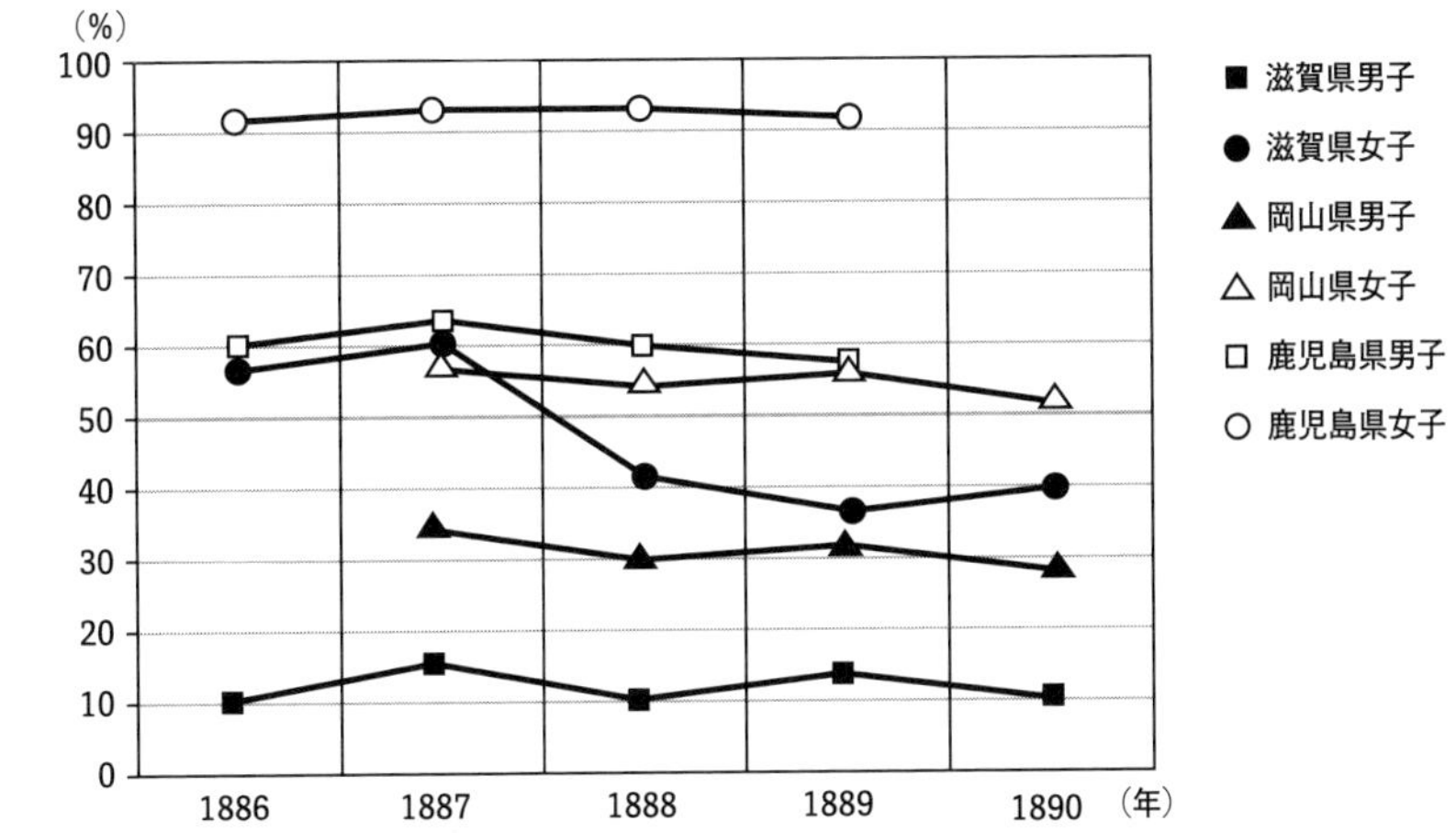

※『帝国文部省年報』自己の姓名の筆記がでいるかどうかを調査した「不自著率」の推移
グラフのように、自著率は京都に近い滋賀県の男子が圧倒的に高く、90%にのぼる。鹿児島県尾女子は10%程度だが、その他の値から平均して40%ほどの国民は読み書きができたと考えられる

ペリーと同じアメリカ人で、地質学者のパンペリーもまた、**「日本の教育は、ヨーロッパの最も文明化された国民と同じくらいよく普及している。（略）日本には、少なくとも日本文字と中国文字で構成されている自国語を読み書きできない男女はいない」**（『日本踏査紀行』）と驚きをもって伝えている。

実際、幕末の武士階級の識字率は一〇〇%だったといわれる。このことは、武士が役人だったことを考えるとなんら不思議ではない。驚くべきは、町人・農民ら庶民層も四割ほどは、読み書きができたとみられていることである。

なかでも、江戸の子どもの識字率はとくに高かった。七〜八割、江戸の中心街に限れば九割に達した。同時代のイギリス・ロンドンの下層階級の子どもの識字

●寺子屋のしくみ

師匠②
子どもたちからの質問に答えたり、仕上がった課題をチェックしたりする

教科書
教科書は全員が同じものを使うのではなく、個別に使い分けていた

師匠①
読み・書き・そろばんを中心に教え、子どもたちにそれぞれの課題を与える

『文学万代の宝』「始の巻」歌川花里より（東京都立図書館蔵）

率が一〇%以下だったことを考えると、いかに高い比率かがわかるだろう。

読み書きを楽しむ

江戸時代の日本では寺子屋が普及し、多くの子どもたちに、主に「読み書きそろばん」の教育が施されていた。そのおかげもあって、識字率がここまで高まったと推測されている。

出版（木版）技術が向上し、本が庶民のもとに届くようになったことも、識字率アップに貢献した。江戸時代には、さし絵のついた黄表紙や滑稽

本、人情本などが人気を集め、歴史や伝説を題材にした読本《よみほん》も次々に出版された。こうして本を読むことが庶民の娯楽となり、日本の出版文化は独自の発展をとげた。

イギリスの外交官であると同時に作家でもあった**オリファント**[3]は、「（日本では）**普通の兵士ですら、絶えず本を読んでいる**」と感心している（「ザ・タイムズ」）。

明治中期、東京・駿河《するが》台《だい》にニコライ堂（通称）を建立した**ニコライ・カーサトキン**[4]（一八三六〜一九一二／ロシア／宣教師）もまた、日本の庶民がいかに読書に親しんでいるかを詳しく述べている。

「（日本には）**実に多くの貸本屋があって、信じ難い程の安い料金で本は借りて読めるのである。**（略）**本はどれも手擦れしてぼろぼろになっており、ページによっては何が書いてあるのか読みとれないほどなのだ。日本の民衆が如何に本を読むかの明**

●本屋のにぎわい

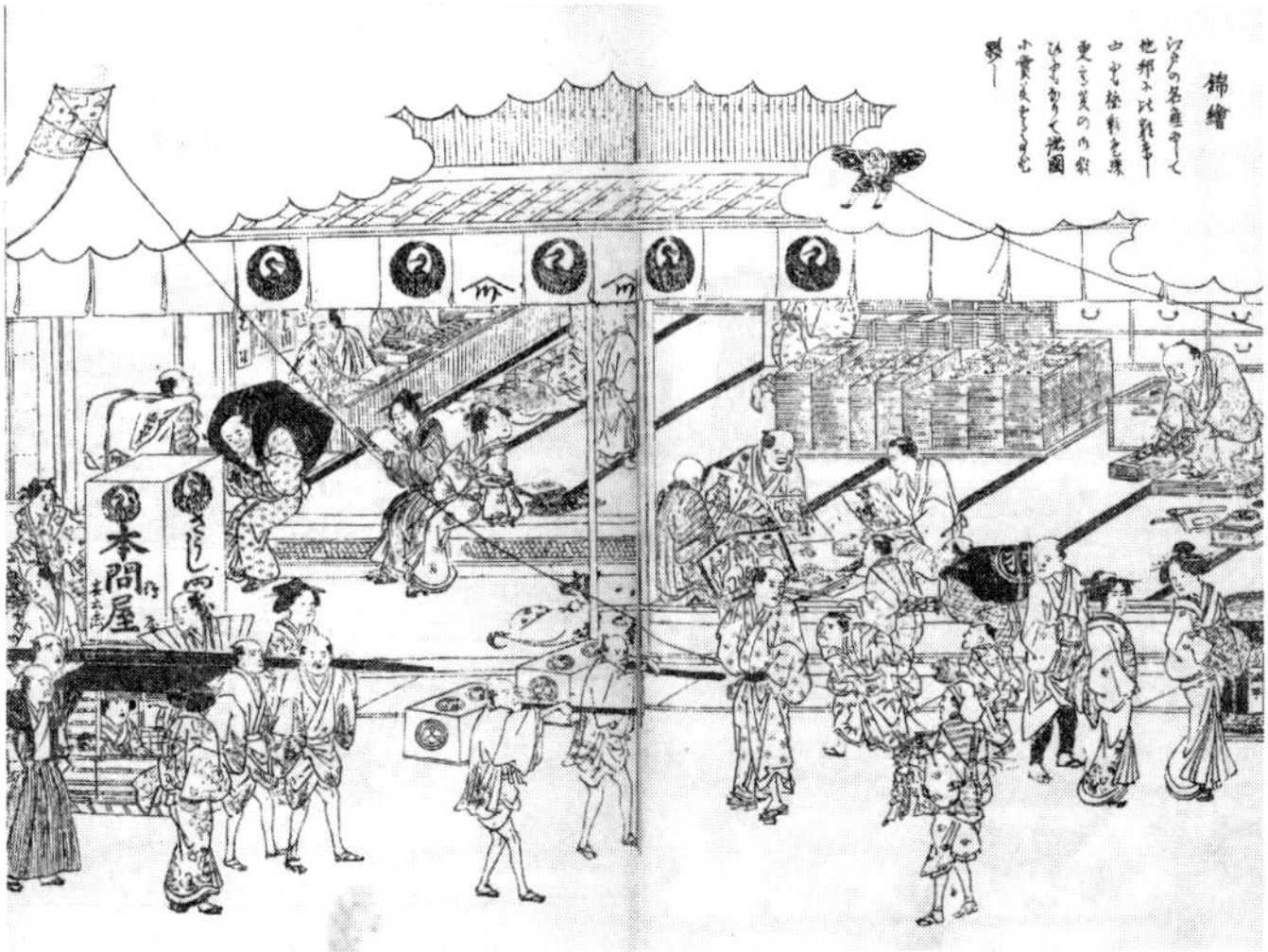

『江戸名所図会』（巻の一）より本問屋「鶴喜」。「鶴喜」は日本橋通油町に実在した本屋で、正月明け二日の初売りのにぎわいを描いている。当時の人々の本好きがうかがえる（国立国会図書館蔵）

白なる証拠である」（『ニコライの見た幕末日本』）

現代人が、レンタルＤＶＤでドラマや映画を楽しむように、当時の庶民たちも物語や実用書を借りて読んでは、面白がったり、勉強したりしたのだ。こうした文化が、文字に対する親しみを植え付け、教養や道徳的な素養を高めていったのであろう。

日本人は、「読み書きそろばん」ができると、日常生活や仕事で役立つだけではなく、人生を楽しく有意義にすることができることを知っていた。だからこそ、積極的に学ぶ姿勢を示し、こぞって子どもを寺子屋へ行かせて勉強に励ませたのである。

外国人プロフィール

1 マシュー・カルブレイス・ペリー［一七九四～一八五八］

アメリカ生まれの海軍提督。幕末期の日本に二度来航し、日本を開国へと向かわせた。「日米和親条約」を締結したほか、来日時には日本に関して広く見聞し、当時の日本の風俗などを詳細に記録した。

2 ラファエル・パンペリー［一八三七～一九二三］

アメリカ生まれ。江戸幕府に招聘され、蝦夷の地質調査を行なった。火薬を使った採掘技術を日本に伝える。

3 ローレンス・オリファント［一八二九～一八八九］

南アフリカ生まれのスコットランド人。エルギン卿と出会って清国へ同行し、一八六〇年に日本公使館の第一書記官に任命された。

4 ニコライ・カーサトキン［一八三六～一九一二］

ロシア生まれ。東京でニコライ堂（通称）を建設し、キリスト教の布教活動を行なった。

3-4

「不気味な化粧」「恐ろしい習慣」！不評だった既婚女性のたしなみ

お歯黒でせっかくの美貌が台なしに……

女性が美を追求するのは古今東西変わらない。日本の女性たちにも美しくあるために、化粧や髪型、着付けなどにさまざまな工夫をこらしてきた歴史がある。そんな日本人女性の容姿は、外国人の目にどう映ったのだろうか。

明治時代に外交官として活躍した**アーネスト・サトウ**（一八四三～一九二九／イギリス／外交官）は、「**たしかに美しいと思われる女も数人いた**」と、微妙な書き方をしている（『一外交官の見た明治維新』）。

サトウは、お白粉《しろい》を塗り重ねた仮面のような顔は受け入れることができたようだ。だが、彼にもなかなかなじめない化粧法があった。お歯黒である。

そもそもお歯黒とは、鉄漿《かね》という液体を使い、歯を真っ黒に染める化粧法のことである。奈良時代頃から上流婦人の間で行なわれ、やがて庶民にも普及した。江戸時代以降はお歯黒が既婚であることを示したり、決まった贔屓《ひいき》客、つまりパトロンがいる芸者のしるしとみなされるようにもなった。

●お歯黒をする女性たち

『絵本江戸紫』より「鉄漿」。結婚を控えた少女がお歯黒を行なうようすを描いている。上部の言葉は「お歯黒は夫婦の絆が永遠である印。はげないように心掛けなさい」といった意味（国立国会図書館蔵）

お歯黒をした女性が微笑むと、口のなかが闇のようにどす黒く見え、現代人の感覚からすると少し気味が悪い。そのせいか、テレビや映画の時代劇でもまず見られない。

そんなお歯黒について、サトウは「**彼女らの容貌は、黒くそめた歯と鉛の白粉で台なしになっている**」と批判する（同書）。

戦国時代に来日したイエズス会の宣教師[12]**ルイス・フロイス**（一五三二〜一五九七／ポルトガル／宣教師）もまた、「**ヨーロッパの女性は歯を白くするために手をつくし、手段を講ずる。日本の女性は鉄と酢を用いて、口と歯とを**（原文欠）**のように黒くすることに努める**」と、お歯黒の習慣に疑念を抱いていることがみてとれる（『ヨーロッパ文化と日本文化』）。

黒船で来航した**ペリー**[3]に至っては、お歯黒を**「恐ろしい習慣」**とまで言い切っている（『ペリー提督日本遠征記』）。

さらに続けて、**「この習慣が夫婦の幸せに貢献することはないように我々には思える。接吻は求婚時代で終わってしまうのだろう。しかも未来ある若い花婿は結婚前に接吻の喜びを奪われてしまうこともある」**と、日本人の夫婦関係を心配してくれているのである。

お歯黒に隠された秘密

お歯黒をするには、たいへんな手間と時間がかかる。それほどの苦労をしてまでお歯黒をす

●お歯黒のしかた

1 壺に古釘などの鉄屑（てつくず）と米のとぎ汁を入れ、数日間置いておく

▼

2 五倍子（ふし）を乾燥させて粉末状にした五倍子粉を歯に塗る

▼

3 1で作った液を刷毛で歯に何度も塗る

『今風化粧鏡』五渡亭国貞より。

▼

4 歯が十分に黒くなったら、口をゆすぐ

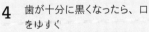

ることに、いったい何の意味があるのか。現代人の感覚では理解不能だが、明治時代に日本各地を旅して旅行記をしたためた**イザベラ・バード**（一八三一～一九〇四／アメリカ／紀行作家）は、日本女性がお歯黒や化粧で身支度を整えるようすを見て、次のように描写している。

「（歯を黒く染めるのは）手間のかかる嫌な作業で、何度も繰り返し行われる。（略）その後の化粧は、全部で三時間もかかったが、一人でやっていた。彼女がまた姿を現したとき、無表情な木製の人形が盛装してきわめて上品に、しずしずと出てきたように見えた」（『日本奥地紀行』）

お歯黒のしかたには辟易《へきえき》したようだが、身支度を整え終えた女性の姿には好感を抱いたようだ。バードの目にはお歯黒の女性があでやかに見えていたのかもしれない。

外国人プロフィール

1 アーネスト・サトウ〔一八四三～一九二九〕

イギリス生まれ。一八歳で英国外務省に入り、日本の在イギリス公使官員に就任。生麦事件、薩英戦争など多難な時期に幕府・維新の両勢力から信頼を得た。

2 ルイス・フロイス〔一五三二～一五九七〕

ポルトガル生まれのイエズス会宣教師。一五六二年に来日し、織田信長から厚遇を受けた。

3 マシュー・カルブレイス・ペリー〔一七九四～一八五八〕

アメリカ生まれの海軍提督。幕末期の日本に二度来航し、日本を開国へと向かわせた。「日米和親条約」を締結したほか、来日時には日本に関して広く見聞し、当時の日本の風俗などを詳細に記録した。

4 イザベラ・バード〔一八三一～一九〇四〕

イギリス生まれ。旅行家・探検家として世界各地を旅し、多くの旅行記を残す。日本には一八七八年に来日し、日光から新潟・山形・秋田を経て北海道に渡り、アイヌの調査を行なった。

3-5

つい、外国人の自分もやってしまう…何度も繰り返す「おじぎ」の風習

西洋には握手、日本にはおじぎがある

日本人の代表的な挨拶《あいさつ》といえば、頭を下げる「おじぎ」である。身分の上下や、屋外か室内か、立ってするか坐ってするかなどにより、さまざまなパターンがあるものの、日本人は会ったときも別れるときも、たいていおじぎをする。

西洋では握手が最も一般的な挨拶になっている。そのため、江戸時代から幕末にかけて来日した西洋人は、おじぎに少なからず戸惑った。それも、おじぎの動作そのものよりも、それを互いに何度も繰り返すことのほうが不思議に思えたようだ。

江戸時代初期、貿易のために来日した[1]**ジョン・セーリス**（一五七九〜一六四三／イギリス／東インド会社艦隊司令官）は、自分の船に乗り込んできた長崎・平戸の領主とその従者とおぼ

しき二人の武士が、何度もおじぎをしながら近づいてくるのに唖然とした。

長崎のオランダ商館に勤務した**フィリップ・フランツ・シーボルト**[2]（一七九六〜一八六六／ドイツ／医師）は、通訳者について、「**おじぎを何度も繰り返しているうちに思いついたことか、あるいはむしろ昔から言い慣れていることだけを通訳している**」と、なかなか鋭い観察力を示している（『江戸参府紀行』）。

外国人も、日本人の挨拶を見ているだけではなく、自分でおじぎをすることがあった。たとえば**モース**[3]は、自分が宿泊していた旅館で、知事が派遣してきた官吏と会った際、床に膝をついて頭が続けざまに畳に触れるほどおじぎをした。その官吏は非常に愉快な男で、モースは彼と意気投合して楽しい時間を過ごしたようだ。おじぎをすることが自然に思われる自分を笑わずにいられなかったという。

おじぎをするときに音が出る？

おじぎを繰り返すのは、現代でもしばしば見られるが、異邦人たちの記録を読んでみると、幕末頃のおじぎには現代のおじぎとは違う特徴があるようだ。

まず、立っておじぎをする場合は、手を膝に届くまで伸ばし、そこに手を置いたまま頭を下げる。実際にやってみると、腰を曲げて身体をかなり深くかがめていることがわかる。当時の人々は、知り合い同士のちょっとした立ち話でも、このように深いおじぎをしていたようだ。

また、おじぎをするときには、息を吸って独特の音を出した。

🔍4 **ジェフソンとエルマースト**（生没年不詳／イギリス／軍人）は、**「例のごとく鼻でシューシュー音をたてながらあいさつする」**（『アワーリブインジャパン』）と、おじぎとともに日本人が立てる音に言及しているのだ。モースは、自分がおじぎをしたときに、**「私は、息を口中に吸い込んで立てる、奇妙な啜るような音さえも出すことができるようになった」**と自慢しているほどだ（『日本その日その日』）。

これが実際にどんな音だったのか、いまとなっては知るよしもないのが残念だ。

外国人プロフィール

🔍1 **ジョン・セーリス**［一五七九〜一六四三］

イギリス生まれ。イギリス東インド会社に入社し、平戸にイギリス商館を開設した。

🔍2 **フィリップ・フランツ・シーボルト**［一七九六〜一八六六］

ドイツ生まれ。オランダ人として来日し、出島のオランダ商館の医師に着任。評判を呼び、長崎郊外で鳴滝塾を開いて日本人に医学や自然科学を教えた。

🔍3 **エドワード・S・モース**［一八三八〜一九二五］

アメリカ生まれ。東京大学の教授として、一八七七年から三度にわたり訪日。庶民の風俗や暮らしに魅了され、さまざまな品を本国に持ち帰っている。大森貝塚の発見者として知られる。

🔍4 **R・ジェフソンとE・エルマースト**［生没年不詳］

イギリス生まれ。一八六六年に横浜に駐屯したイギリス第九連隊の将校。

3-6

名誉と優越を表すちょんまげは、理解しがたい美的センス

どうしても母国に伝えたかった衝撃の髪型

挨拶と同様、西洋人の目を引いた日本の習慣の一つに「ちょんまげ」がある。近代以前は、世界の各地にひどく手のかかる髪型が存在していた。そのなかでもちょんまげは、一風変わった独特のヘアスタイルといえた。結うにも整えるにも手間がかかるうえ、理解しがたい美的センスだったからだ。

一八一一（文化八）年、日本近海を測量中に幕府に捕らえられ、二年以上幽閉生活を強いられたロシア海軍の[1]**ヴァシリー・M・ゴロウニン**（一七七六〜一八三一／ロシア／軍人）は、ちょんまげとはどんなものかを、微に入り細にわたって説明している。

「こめかみと後頭部にだけ長い髪を残す。残した髪は一つに束ね、頭のてっぺんで白い細紐で

固く縛り、その束を頭にぴったりとくっつけて房の先の方を一・五ベルシカ（約六・六センチメートル）**ほど前に曲げてから、もう一度さっきの細紐で縛ると、髪の房はしっかりと頭の上に固定するのである」**（『続・日本俘虜実記』）

ちょんまげについて、西洋人がここまで詳しく描写した例はあまりない。ゴロウニンは、ちょんまげ姿の日本人を見て衝撃を受け、ぜひともこれを母国の人々に伝えたいと思ったのだろう。

フェリーチェ・ベアト『ボードインコレクション2』より「床屋」（1863年撮影）。左の男性は月代を剃っているところで、右側の男性は結い上げをされている（長崎大学附属図書館蔵）

トロイアの遺跡を発見したことで有名な[Q2]**ハインリッヒ・シュリーマン**（一八二二〜一八九〇／ドイツ／考古学者）も、**「彼らの髪の結い方は、隣人たる中国帝国の人々の髪型とは大いに異なっていた」**と述べ、ちょんまげについて詳しく説明している。そして、貧しい庶民も裕福な大名もちょんまげであることを、**「日本の男性にとっては、他のいかなる髪型も存在しない」**と結論づけた（『日本中国旅行記』）。

社会参加の証明としての髪型

日本人男性にとって、ちょんまげを結うことはファッションやお洒落というよりも、最低限の身だしなみだった。戦国時代に来日した**フロイス**はそれに気づいていたようで、**「ヨーロッパ人が顎髭《あごひげ》によって表す名誉と優越とを、日本人は後頭に結んで付けている小さな髪によって表す**」と表現している（『ヨーロッパ文化と日本文化』）。

ちょんまげは、手入れを怠るとすぐにわかる。前頭部から頭頂まで剃《そ》り上《あ》げている月代《さかやき》の部分から、髪の毛が生えてきてしまうからだ。伸びたままだと見苦しいとされ、浪人か病人だとみなされた。月代を剃らないのは、子どもか、医者や茶人など特殊な職業の者だけだった。

つまりちょんまげは、昔の男性にとっては会社員のネクタイのようなものであり、一人前の成人男性として社会に参加していることの証明だったといえる。だから、年をとって髪の毛が薄くなり、ちょんまげが結いにくくなると、昔の男性は隠居か出家《しゅっけ》を考えた。

現代でも大相撲の力士は、禿《は》げて髷《まげ》を結えなくなると引退するが、

●さまざまなちょんまげ

本多髷の基本形

金魚のイメージ

病み上がり風

『当世風俗通」より。江戸時代後期に「本多髷」というちょんまげが流行し、さまざまなバリエーションが考案された（国立国会図書館蔵）

これと同じ理屈である。

やがて明治時代になると、ちょんまげは姿を消す。一八七一（明治四）年、明治政府は「断髪脱刀勝手令」を出した。これはちょんまげを禁止するという強制的なものではなく、髪を切ってもよろしいという内容だったが、西洋化を進める政府としては、早くちょんまげを捨てて西洋文化に馴染んでもらいたいというのが本音だったようだ。

発令当初、多くの男性が断髪に抵抗を示した。ちょんまげは日本男子のアイデンティティだったから、そう簡単に切れないのは当然だ。しかし二年後、明治天皇が髷を落とすと、断髪が義務のような雰囲気になり、髪を切る者が一気に増えた。

外国人プロフィール

1 ヴァシリー・M・ゴロウニン［一七七六～一八三一］

ロシア生まれ、世界周航中、喜望峰でイギリス海軍に捕らえられ、脱走。松前藩に送られて二年以上幽閉され、高田屋嘉兵衛との交換で釈放された。

2 ハインリッヒ・シュリーマン［一八二二～一八九〇］

ドイツ生まれ。船乗りの時代に船が難破してオランダ領に漂着後、商人となり巨万の富を築いた。経済活動から引退後、世界周遊旅行へと出て幕末の日本にやって来た。のちにトロイア遺跡を発見している。

3 ルイス・フロイス［一五三二～一五九七］

ポルトガル生まれのイエズス会宣教師。一五六二年に来日し、織田信長から厚遇を受けた。

3-7

貧しく苦しい生活であっても、満ち足りているように見えた日本人

「笑い上戸で心の底まで陽気」

西洋人がはじめて日本を訪れ、日本人の姿を目《ま》の当たりにする。そのとき、彼らが最初に抱く印象はおおよそ同じだった。それは、日本人がじつに幸福そうな国民であるということだ。**シェラード・オズボーン**[1]（一八二二～一八七五／イギリス／外交官）も「誰もがいかなる人びとがそうありうるよりも、幸せで煩いから解放されているように見えた」（『日本への航海』）と述べている。そのほか、**リュドヴィック・ボーヴォワル**[2]（一八四六～一九二九／フランス／青年伯爵）の「**この民族は笑い上戸で心の底まで陽気である**」（『ジャポン一八六七年』）、**ルドルフ・リンダウ**[3]（一八二九～一九一〇／スイス／外交官）の「**日本人ほど愉快になりやすい人種は殆どあるまい。良いにせよ悪いにせよ、どんな冗談でも笑いこける**」（『スイス領事の

見た幕末日本』）、**ウィリアム・グレイ・ディクソン**[4]（一八五四～一九二八／イギリス／英語教師）の「**上機嫌な様子がゆきわたっている**」（『ランドオブザモーニング』）など、日本人が幸福そうでしかも陽気だったという記述は、枚挙にいとまがない。

年貢の取り立ては厳しかったが……

こうした西洋人の感想は、現代の日本人にとって意外なように思われる。江戸時代、庶民は厳しい身分制度のもとにおかれていた。とくに農民は、年貢の取り立てが厳しく、その生活は決して楽ではなかった。**ラザフォード・オールコック**[5]（一八〇九～一八九八／イギリス／外交官）は、「**生産物のうち、余分なものがあれば、すべて大名とその家臣によって吸いとられてしまう**」と記す（『大君の都』）。明治時代に入ってからも、多くの人々は苦しい生活を続けた。それでも西洋人の目に日本人が幸せそうに映ったのは、少なくとも食べるには困らないだけの国力があったからだと考えられる。

江戸時代後期には、毎年三〇〇〇万石以上の米が収穫されていたとされる。これは、推定三〇〇〇万人の日本人が米だけ食べたとしても十分に生きていける生産量だ。米の大部分は年貢として納めなければならないとしても、麦や豆、イモ、雑穀類なども栽培していたし、大規模な飢饉などはそうそう起こらなかった。したがって、それほど飢えに苦しむことはなかったのである。

●江戸～明治初期の米の実収高（推定値）

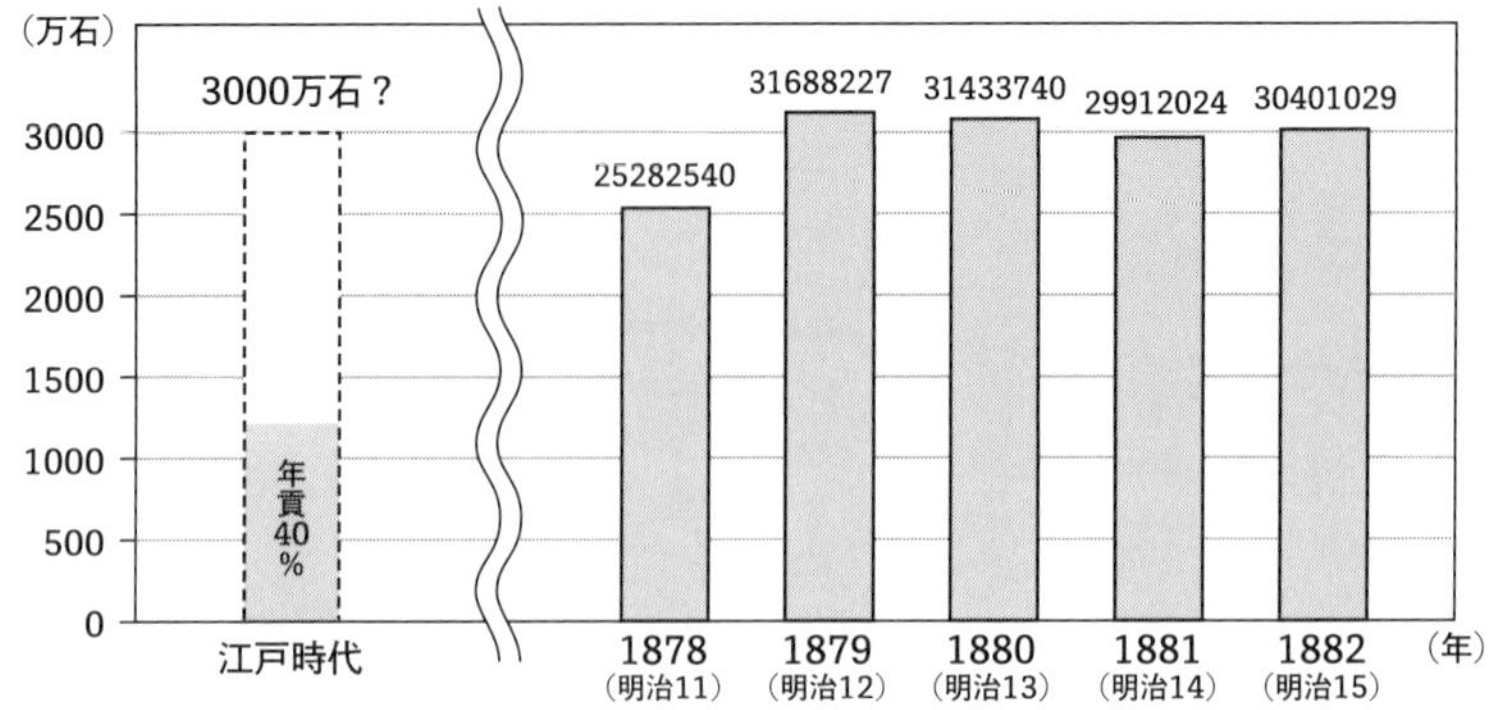

※1878～1882の実収高は「農商別統計表」による

統計資料としてほぼ正確な数字がとれる明治11年以降の米の収穫高を見ると、およそ3000万石の実収があった。その推移はゆるやかで、幕末期～明治初期もほぼ同等の収穫量があったと推察できる

また農業技術が進んで生産力が高まると、年貢に出しても残るほどの余剰米があることがあり、桑・麻・綿・アブラナ・野菜・果物・茶などさまざまな作物を栽培し、それらを商品として流通させ、現金を得ることができるようにもなった。

日本の農業について、「ザ・タイムズ」（一八六一年十一月一日付）は、次のように記している。

「江戸付近の土壌は、非常に肥《ひ》沃《よく》で、あらゆる穀物の栽培に適しているように思われる。作物は非常に繁茂しており、雑草あるいは石ころなどまったくみかけない。畑はそう大きくはないが、利用可能なところはすべて利用されており、限りない穀物が栽培されている」

さらに、藩レベルでも特産品の栽培を奨励。現代の日本人が親しんでいる宇治の茶、甲斐のブドウ、紀伊のミカンなどは、江戸時代に競って生産されるようになった。地方ごとの特産物である。

そしてなんといっても、当時の人々はわずかなモノしか必要としなかった。その点が、大量生産・大量消費が基本の現代人との最大の違いである。日本の庶民は、狭い住居にひしめき合って暮らし、家財道具や衣類は非常に少なかった。だが、西洋人の残した記録によると、彼らがそれを苦にするようすはまったくなかったという。

必要最低限の暮らしができれば、幸せで楽しい――。日本人はそんな民族だったのである。

外国人プロフィール

1 シェラード・オズボーン［一八二二～一八七五］
イギリス生まれ。エルギン卿の遣日使節団の一人として来日し、見聞録を残した。

2 リュドヴィク・ボーヴォワル［一八四六～一九二九］
フランス生まれ。一八六七年に来日した。

3 ルドルフ・リンダウ［一八二九～一九一〇］
スイス生まれ。連邦政府より派遣された使節団の一員として幕末期に来日している。

4 ウィリアム・グレイ・ディクソン［一八五四～一九二八］
イギリス・スコットランド生まれ。一八七〇年代に工部大学校の教師として来日。

5 ラザフォード・オールコック［一八〇九～一八九八］
イギリスの医師の家に生まれ、一時は医師を目指したが、従軍中の後遺症により外科医の道からはずれ、外交官に。一八五九年に来日し、特命全権公使として活躍した。

3-8 真面目によく働くが、遊ぶときはとことん楽しんでいた庶民たち

❖巧みなオン・オフの切り替え

　幸福で陽気な毎日をすごしていた日本人は、真面目によく働くだけでなく、遊びもおおいに楽しんだ。

　ペリー[1]は、「**日本人は一生懸命に働くが、時々の祭日をもって埋め合わせをし、また夕方や暇なときには勝負事や娯楽に興じる**」と記し（『ペリー提督日本遠征記』）、日本人が生活のなかで明確なオン・オフの切り替えをしていたことを指摘している。

　オフの日本人は非常に無邪気だったようだ。貿易推進のために幕末に来日した**エメ・アンベール**[2]（一八一九〜一九〇〇／スイス／時計生産者組合長）は、「**まるで子どものように、物語を聞いたり歌を聞いたりすることが非常に好きである**」と書いている（『幕末日本図絵』）。

江戸をはじめとする都市には、芝居小屋や見世物小屋、講談・落語・曲芸を演じる寄席など、多彩な娯楽の場があった。なかでも、大人の最大の娯楽は歌舞伎だった。

歌舞伎のようすについて**フィッシャー**は、「**(感動的な場面で涙を拭き取ったばかりの貴婦人が)やにわに愉快な気持ちになるために酒を飲み、魚、米飯、蓮根、竹の子、それに冷たい卵焼きなどを詰め合わせた重箱から箸でお好みの食品をつまんで食べたとしても、誰もおかしいと思う者はいない**」と、現代でも見られそうな光景を、弁当のおかずまで交えて詳しく報告している(『明治日本印象記』)。

また**オールコック**は、女性たちが父親や亭主と一緒に観に来ているにもかかわらず、品の悪いラブシーンでも平気なようすで眺めているのに驚いている。

外国人プロフィール

1 マシュー・カルブレイス・ペリー［一七九四〜一八五八］

アメリカ生まれの海軍提督。幕末期の日本に二度来航し、日本を開国へと向かわせた。「日米和親条約」を締結したほか、来日時には日本に関して広く見聞し、当時の日本の風俗などを詳細に記録した。

2 エメ・アンベール［一八一九〜一九〇〇］

スイス生まれ。一八六二年に遣日使節団長として来日し、日本・スイス修好条約を締結した。

3 アドルフ・フィッシャー［一八五六〜一九一四］

オーストリア生まれ。一八九二年に初来日を果たし、以後六度も来日している。東アジア美術史・東アジア民族の研究家でもある。

4 ラザフォード・オールコック［一八〇九〜一八九八］

イギリスの医師の家に生まれ、一時は医師を目指したが、従軍中の後遺症により外科医の道からはずれ、外交官に。一八五九年に来日し、特命全権公使として活躍した。

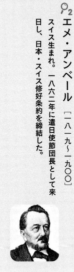

第3章　出典

●『エルギン卿遣日使節録』 R・オリファント著　岡田章雄訳（雄松堂書店）
●『明治日本印象記』 A・フィッシャー著　金森誠也ほか訳（講談社）
●『日本踏査紀行』 R・パンペリー著　藤川徹訳（雄松堂書店）
●『江戸幕末滞在記』 E・スエンソン著　長島要一訳（講談社）
●『シドモア日本紀行』 E・R・シドモア著　外崎克久訳（講談社）
●『日本人の住まい』 E・S・モース著　斎藤正二ほか訳（八坂書房）
●『ペリー提督日本遠征記』 M・C・ペリー著　木原悦子訳（小学館）
●『ニコライの見た幕末日本』 N・カーサトキン著　中村健之介訳（講談社）
●『一外交官の見た明治維新』 E・サトウ著　坂田精一訳（岩波書店）
●『ヨーロッパ文化と日本文化』 R・フロイス著　岡田章雄訳（岩波書店）
●『日本奥地紀行』 I・バード著　高梨健吉訳（平凡社）
●『日本、アムールおよび太平洋』 H・ティリー著
※引用元は『逝きし世の面影』渡辺京二（平凡社）
●『江戸参府紀行』 P・F・シーボルト（雄松堂書店）
●『アワーリブインジャパン』 R・ジェフソン　E・エルマースト共著
※引用元は『逝きし世の面影』渡辺京二（平凡社）
●『日本その日その日』 E・S・モース著　石川欣一訳（講談社）
●『続・日本俘虜実記』 V・M・ゴロウニン著　徳力真太郎訳（講談社）
●『日本中国旅行記』 H・シュリーマン著　藤川徹訳（雄松堂書店）
●『日本への航海』 S・オズボーン著
※引用元は『逝きし世の面影』渡辺京二（平凡社）
●『ジャポン1867年』 R・ボーヴォワル著
※引用元は『逝きし世の面影』渡辺京二（平凡社）
●『スイス領事の見た幕末日本』 R・リンダウ著　森本英夫訳（新人物往来社）
●『ランドオブザモーニング』 W・G・ディクソン著
※引用元は『逝きし世の面影』渡辺京二（平凡社）
●『大君の都 上・下』 R・オールコック著　山口光朔訳（岩波書店）
●『幕末日本図絵』 E・アンベール著　高橋邦太郎訳（雄松堂出版）

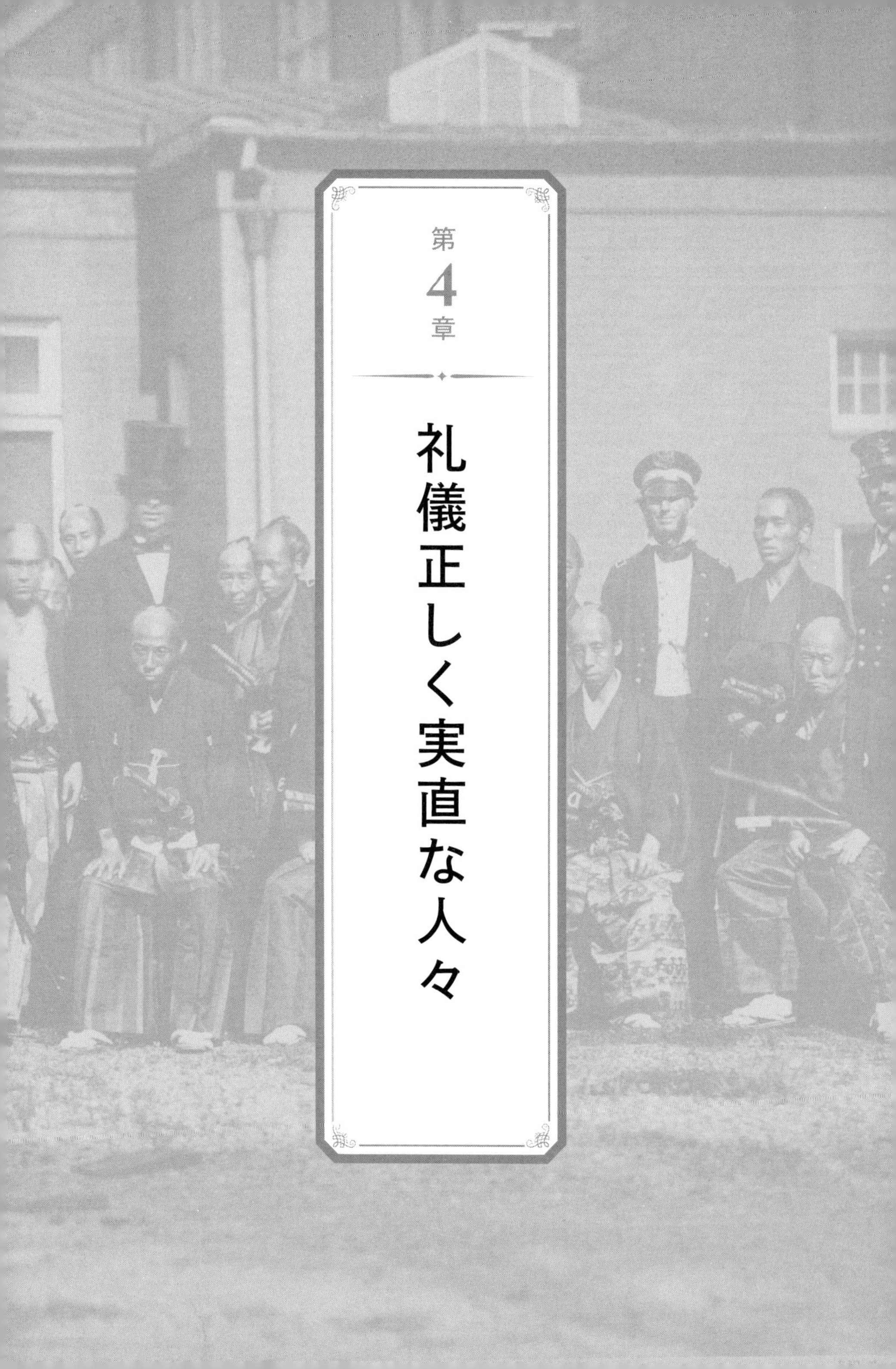

第4章

礼儀正しく実直な人々

4-1

「おはよう」の気持ちいい挨拶と礼儀正しさに魅了された外国人

「礼儀の国にして心霊の扶《たす》ける所」

二〇一一（平成二十三）年三月十一日、日本は東日本大震災に見舞われた。地震・津波・原発事故が次々と起こり、未曾有《みぞう》の災害となった。だが、日本人は冷静さを失わず規律ある行動をとった。被災者でさえ、公衆電話やコンビニの前に整然と並んだ。この礼儀正しく秩序ある光景に、世界中が称賛の声をあげた。

また、二〇一四（平成二十六）年のサッカー・ワールドカップでは、現地のブラジルで日本代表チームの試合を観戦した日本人サポーターが、試合後にスタンドのゴミを拾ってから帰ったことが大きな話題となった。地元紙は「試合には負けたが、礼儀正しさで高得点をあげた」と報じ、各国のファンも拍手をおくった。

このように日本人の礼儀正しさは、いまでは広く世界の知るところとなっている。だが、それは昨日今日はじまったことではない。じつは古代から、日本人は礼節を重んじる民族として外国人から絶賛されていたのだ。

七〜九世紀、日本は唐《とう》に遣唐使を派遣し、大陸の優れた文化を吸収しようと試みた。彼らは礼節を重んじる優秀な人材だったのだろう、唐の人々は日本に「礼儀の邦《くに》（国）」というイメージを抱くに至った。

唐の第六代皇帝[1]**玄宗《げんそう》**（六八五〜七六二／中国／皇帝）が、日本の聖武天皇へ送った勅書には、「**日本国主明楽美徳に勅する。彼は礼儀の国にして神霊の扶《たす》ける所**」と記されている（『曲江《きょくこう》集《しゅう》』）。

「主明楽美徳」とは、天皇《すめらみこと》の訳。この五文字すべてに佳字（よい字）が用いられていることからも、玄宗の日本に対する称賛ぶりが見てとれる。

「国全体が礼儀作法を教える高等学校」

幕末明治期に日本を訪れた西洋人の多くも、日本人、とくに庶民の礼儀正しさに驚きの声をあげた。

たとえば、江戸前期に来日した[2]**エンゲルベルト・ケンペル**（一六五一〜一七一六／ドイツ／医師）は、「**世界中のいかなる国民でも、礼儀という点で日本人にまさるものはない。**（略）**身**

●日本人のおじぎと座礼のランク

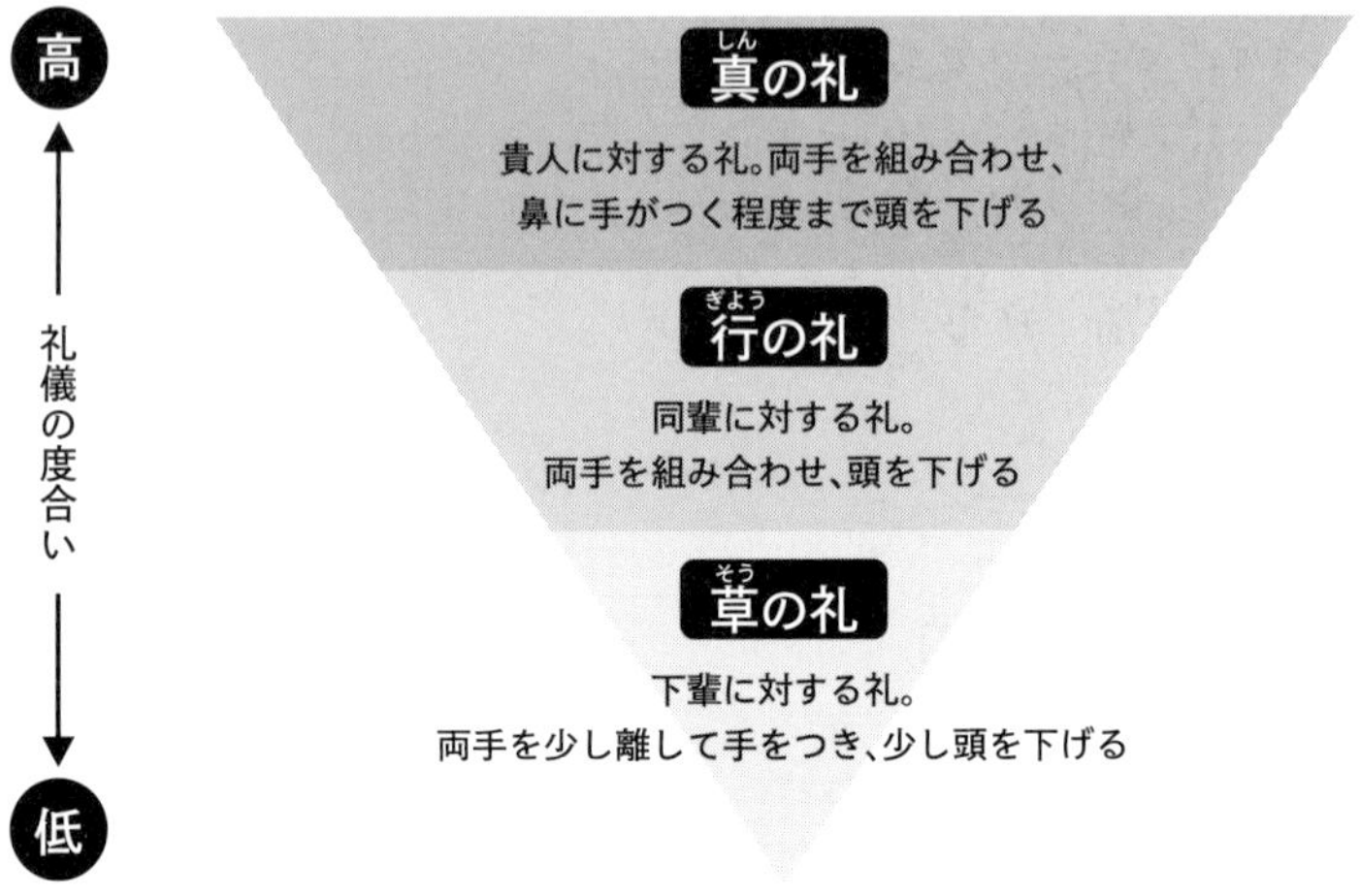
高
礼儀の度合い
低
真《しん》の礼
貴人に対する礼。両手を組み合わせ、
鼻に手がつく程度まで頭を下げる
行《ぎょう》の礼
同輩に対する礼。
両手を組み合わせ、頭を下げる
草《そう》の礼
下輩に対する礼。
両手を少し離して手をつき、少し頭を下げる

分の低い百姓から最も身分の高い大名に至るまで大へん礼儀正しいので、われわれは国全体を礼儀作法を教える高等学校と呼んでもよかろう」と、日本人の礼儀正しい国民性を大絶賛している（『日本誌（鎖国論）』）。

日本人の挨拶《あいさつ》に感銘を受けた者もいた。明治期に活躍した**ジョン・レディ・ブラック**[3]（一八二七～一八八〇／イギリス／ジャーナリスト）と、**バジル・ホール・チェンバレン**[4]（一八五〇～一九三五／イギリス／日本学者）だ。

ブラックは、「**通りがかりに休もうとする外国人はほとんど例外なく歓待され『おはよう』という気持ちよい挨拶を受けた。この挨拶は、道で会う人、野良で働く人、あるいは村民からたえず受けるものだった**」と、日本人に挨拶されて気分をよくしたことを綴っている（『ヤング・ジャパン』）。

●西洋人のおじぎ

外国人も日本の生活が長くなるにつれて、おじぎをするようになる者が多かった

チェンバレンに至っては、「**日本人の挨拶は心底から生ずる礼儀であり、**（略）**日本人の真の親切心に根ざすものである**」と、日本人の精神性の高さにまで言及している（『日本事物誌』）。

挨拶はどこの国でもコミュニケーションの基本。その挨拶で高い評価を受ける日本人は、やはり礼儀正しい国民だといえるだろう。

武士道に由来する礼儀正しさ

[5]ブルーノ・タウト（一八八〇～一九三七／ドイツ／建築家）は、公共交通機関を利用したとき、日本人の礼節に感心したようだ。

「道路を避ける時、互いに『有難う』と言い交わす自動車運転手、何度も何度も『有難うございます』と繰り返すバスの女車掌やエレヴェーター・ガール、満員で乗客に立っていて貰わねばならないことを詫びる車掌、手袋をはめた鉄道従業員のおしなべて丁寧な態度は、やはり同一の範疇に属する」（『ニッポン』）

日本人の礼節については、[6]エドウィン・アーノルド（一八三二～一九〇四／イギリス／随筆家）も語っている。日本人なら非常に納得のいく言葉だ。

「日本には、礼節によって生活を楽しいものにするという、普遍的な社会契約が存在する。誰もが多かれ少なかれ育ちがよいし、『やかましい』人、すなわち騒々しく無作法だったり、しきりに何か要求するような人物は嫌われる」（『ジャポニカ』）

ではなぜ、日本人はこれほど礼儀正しい国民になったのだろうか。

はっきりした理由は明らかになっていないが、その理由の一つには武士道が関係しているといわれる。

中世から近世にかけて支配身分であった武士は、倫理性が高く、礼儀や慎みといった美徳をことさら重視した。そうした武士身分の倫理感が社会全般に広まり、日本人の礼儀正しい精神性を形成したと考えられているのである。

いずれにせよ、日本人の礼節が世界で高く評価されているのは疑いようのない事実。このよき国民性を、長く継承していきたいものだ。

外国人プロフィール

1 玄宗［六八五～七六二］

中国・唐の時代の第六代皇帝。名は李隆基。当初は「貞観の治」と呼ばれた唐初期の政治を行なおうとして唐の最盛期を創出した。のちに政治に飽き、楊貴妃を寵愛。「安史の乱」で帝位を禅譲した。

2 エンゲルベルト・ケンペル［一六五一～一七一六］

ドイツ生まれ。オランダ東インド会社に入り、一六九〇年に出島のオランダ商館付医師として来日。在日二年ののちオランダに帰る。

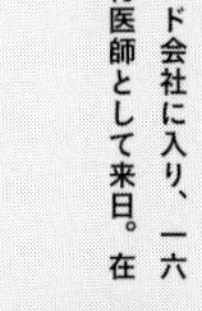

3 ジョン・レディ・ブラック［一八二七～一八八〇］

イギリス生まれ。幕末期の日本にやって来て、『ジャパン・ヘラルド』をはじめとした新聞事業を次々展開。明治にかけて近代化の波に飲まれていく日本の変化を伝えた。

4 バジル・ホール・チェンバレン［一八五〇～一九三五］

イギリス生まれ。一八七三年に来日し、海軍兵学寮で英語を教え、のちに東京帝国大学で教鞭をとった。一九世紀後半から二〇世紀はじめの日本研究の第一人者。

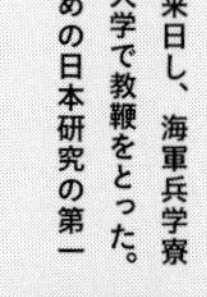

5 ブルーノ・タウト［一八八〇～一九三七］

ドイツ生まれ。著名な建築家として知られていたタウトは、ナチスの手から逃れるため、妻を伴い亡命を図り、一九三三年に来日。三年半滞在し、日本の伝統に触れた。

6 エドウィン・アーノルド［一八三二～一九〇四］

イギリス生まれの新聞記者であり、随筆家。東洋学者のなかでも日本研究家である。

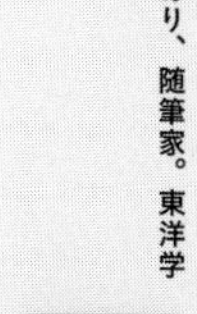

4-2

実直で正直、金銭にキレイ……
日本人の道徳心は気持ちがよい！

鍵はかけず、戸すらつけずに暮らす人々

外国人が称賛する日本人の国民性の一つに「実直さ」がある。日本で財布を紛失しても、そのまま届けられるというのが最たる例だ。

道徳をよく守り、正直に生きる――。それができるのが、日本人の特筆すべき国民性だといえる。そうした日本人の特徴をわかりやすく説明しているのが、一八七七（明治十）年から三度にわたって日本を訪れた[1]**エドワード・S・モース**（一八三八〜一九二五／アメリカ／動物学者）だ。

モースは、「**人々が正直である国にいることは実に気持ちがよい**」と述べ、「**私は決して札入れや懐中時計の見張りをしようとしない。錠をかけぬ部屋の机の上に、私は小銭を置いたまま**

にするのだが、日本人の子供や召使いは一日に数十回出入りしても、触ってはならぬ物には決して手を触れぬ」と続ける（『日本その日その日』）。

さらに「私の外套をクリーニングするため持って行った召使は、間もなくポケットの一つに小銭若干がはいっていたのに気がついてそれを持って来た」と、使用人の正直さをほめている（同書）。

●伝統的な日本家屋

室町時代後期の建築と推定されている兵庫県姫路市の古井家住宅。近代化以前の日本では、鍵や錠をかけない家がほとんどであった

もう一つ、モースが日本人の正直さを実証する好例としてあげているのが、家の鍵の逸話だ。

「三千万人の国民の住家に錠も閂《かんぬき》も戸《と》紐《ひも》も——いや、錠をかけるべき戸すらもない（略）。昼間はすべる衝立《ついたて》が彼らの持つ唯一のドアであるが、しかもその構造たるや十歳の子供もこれを引きおろし、あるいはそれに穴を空け得るほど弱いのである」（同書）

「すべる衝立」とは引き戸のことだろうか。なるほど、いまでも地方などに行くと、玄関に鍵をかけずに二四時間すごす家がある。防犯の面からすると心配だが、これは周囲の人々を信頼しているからできることだろう。

女性旅行家を驚かせた金銭への潔癖さ

明治時代の日本を旅行して旅行記にまとめた**イザベラ・バード**[2]（一八三一〜一九〇四／イギリス／紀行作家）も、日本人の金銭にまつわる潔癖さについて言及している。

バードは、母国イギリスやヨーロッパ諸国を女一人で旅したとき、ひどく無礼で屈辱的な仕打ちにあった。金をゆすり取られたりしたこともあったようだ。

しかし日本では、「**一度も失礼な目に遭ったこともなければ、真に過当な料金を取られた例もない**」と書いている（『日本奥地紀行』）。

さらにバードは、彼女の旅を助けた馬子《まご》（馬をひいて人や荷物を運ぶ人）の仕事に取り組む姿勢にも感心している。

●女性旅行家・バード

日本海沿岸や北日本を中心に、明治時代の日本国内を旅行したバード。彼女は日本旅行中、失礼な目にあったことは一度もないという

「革帯が一つ紛失していた。もう暗くなっていたが、その馬子はそれを探しに一里も戻った。彼にその骨折り賃として何銭かをあげようとしたが、彼は、旅の終わりまで無事届けるのが当然の責任だと言って、どうしてもお金を受け取らなかった」（同書）

雇い主であるバードの前でだけよい態度をとっているのではと勘ぐりたくもなるが、決してそうではなかった。

彼女は、**「彼らはお互いに親切であり、礼儀正しい。それは見ていてもたいへん気持ちがよい」**と述べている（同書）。

❖賄賂《わいろ》は人間の尊厳を貶めるもの

親日家の世界的考古学者**ハインリッヒ・シュリーマン**◯3（一八二二〜一八九〇／ドイツ／考古学者）は、港の税関を通るときに日本人の潔癖さを実感した。

長い船旅を経て日本の港に着いたシュリーマンは、税関に赴く。そして、大型の旅行鞄《かばん》を開けて税関吏《ぜいかんり》に見せるのは骨が折れるという理由で、日本の二人の税関吏に一分《ぶ》ずつのカネを差し出した。これで通してくれというわけだ。しかし、彼らはカネでは動かなかった。

「驚いたことに彼らは、胸に手をあてながら『日本息子（男児）』と言って、その金銭の受け取りを拒否した」（『日本中国旅行記』）

そのためシュリーマンは、自分で旅行鞄を開けてチェックを受けることになったが、そこで彼は日本人のスマートさにふれることになる。

「彼らは（略）上辺だけの検閲で満足した。そのうえ、非常に好意的な親切きわまりない言葉で応対した。そして再び、わたしに深い敬意を表しながら『さようなら』と言った」（同書）

つまり二人の税関吏は、金銭を受け取らずとも、便宜をはかってくれたのである。この経験から、シュリーマンは、「**心付けによって義務を怠るということは、日本人にとっては人間としての尊厳を貶めるものとしてみなされていることを意味しているのだろう**」と理解したと述べている。

江戸時代の日本は、刑罰が非常に厳しかった（57、119ページ参照）。明治初期の日本人にはその記憶が残っていたために、決して盗みをしなかったり、賄賂《わいろ》を拒否したものとも考えられる。しかし、それだけではないだろう。

日本人が古くからもち続けてきた道徳心、武士道の「誠」の心。そういったものがあったからこそ、日本人の実直さ、潔癖さが形成されたと考えられるのである。

外国人プロフィール

1 エドワード・S・モース［一八三八～一九二五］

アメリカ生まれ。東京大学の教授として、一八七七年から三度にわたり訪日。庶民の風俗や暮らしに魅了され、さまざまな品を本国に持ち帰っている。大森貝塚の発見者として知られる。

2 イザベラ・バード［一八三一～一九〇四］

イギリス生まれ。旅行家・探検家として世界各地を旅し、多くの旅行記を残す。日本には一八七八年に来日し、日光から新潟・山形・秋田を経て北海道に渡り、アイヌの調査を行なった。

3 ハインリッヒ・シュリーマン［一八二二～一八九〇］

ドイツ生まれ。船乗りの時代に船が難破してオランダ領に漂着後、商人となり巨万の富を築いた。経済活動から引退後、世界周遊旅行へと出て幕末の日本にやって来た。のちにトロイア遺跡を発見している。

4-3

対価を求めない真心と気づかいに、心の底から感心した外国人

誰もが称賛する無償の親切心

日本人が外国人に称賛される点として、親切さも忘れてはならない。幕末明治期に来日した西洋人の多くが日本人の温かい心や気づかいを称賛している。

日瑞《にっすい》修好通商条約調印のために日本にやって来た**エメ・アンベール**（一八一九～一九〇〇／スイス／時計生産組合会長）は、横浜の海岸を訪れたときの出来事を楽しげに記している。

「子供たちは真珠色の貝を持ってきてくれ、女たちは、籠の中に山のように入れてある海の無気味な小さい怪物を、どう料理したらよいか説明するのに一生懸命になる。根が親切心と真心は、日本の社会の下層階級全体の特徴である」（『幕末日本図絵』）

また、アンベールが農村を歩き回っていると、ある農民が自宅に招いてくれ、庭の花を切っ

てもたせてくれた。彼は代金を払おうとしたが、絶対に受け取ろうとしなかったという。
日本にはチップの習慣がないので、外国人からお金を差し出されて戸惑ったのではとも考えられるが、アンベールの言うとおり、やはり親切心と真心に基づく行為ゆえに、対価を求めなかったのだろう。

旅行中にふれた親切心

バードが回想するのは、旅行中に世話になった馬子や見知らぬ女性の親切さだ。旅慣れたバードでも、やはり異国の地での旅行生活は心細くもあったのだろう。日本人の温かさにふれたエピソードを、折に触れて書いている。

「(馬子《まご》たちは)**馬から下りるときには私をていねいに持ちあげてくれたり、馬に乗るときには背中を踏み台にしてくれた。あるいは両手にいっぱいの野苺を持ってきてくれた**」(『日本奥地紀行』)

この野苺は嫌な薬臭がしたそうだが、バードはせっかくなので食べたという。馬子たちの親切を無にしてはいけないと思ったのだろう。

また、東北で見知らぬ女性たちに助けてもらったことも印象に残ったようだ。

「**家の女たちは、私が暑くて困っているのを見て、うやうやしく扇子をもってきて、まる一時間も私をあおいでくれた。料金をたずねると、少しもいらない、と言い、どうしても受け取ら**

なかった。彼らは今まで外国人を見たこともなく、少しでも取るようなことがあったら、恥ずべきことだ、と言った」（同書）

現代でも、知らない相手から丁寧なおもてなしを受けると、困惑してしまうことがある。このときのバードもそんな気持ちだったに違いない。

アンベールやバード同様、エドゥアルド・スエンソン[3]（一八四二〜一九二一／デンマーク／軍人）も、日本の庶民の親切さに心を打たれた。

「ぽつんと建った農家が華やかな色に輝く畠のあちこちに散在していた。男も女も子供らも野良仕事に精を出し、近づいていくと陽気に『オヘイヨ（おはよう）』と挨拶をしてくる。（略）老若をとわずわれわれに話しかけてきて、いちばん見晴らしのよい散歩道を案内してくれたり、花咲く椿の茂みを抜けて、半分崩れかかっている謎めいたお堂に案内してくれたりする」（『江戸幕末滞在記』）

まるで童話のワンシーンのような情景である。異邦人に気軽に話しかけ、親切にしてくれる日本人が、スエンソンをやさしい気持ちにさせたのだろう。

度が過ぎた親切心はあだとなることも

一方で、日本人の親切さが不快感を与えることもあった。チェンバレン[4]はこう書いている。

「歩いて丘を上ろうと思って、人力車の車夫に降ろしてくれと言う。ところが、車夫がその言

いつけに従うまでには、たぶん四回も言わなければならないであろう。車夫のほうでは、あなたはきっとそんなことを本気で言っているのではないと思っているのである」(『日本事物誌』)

車夫にとっては、親切心があだになってしまった格好だ。チェンバレンも車夫の真意を理解はしているが、このときは、どうにも我慢がならなかったらしい。

では、どうして日本人、とくに下層階級の庶民は過度の親切を押し付けるのか。

そのことについてチェンバレンは、**「主人がやるよりも自分のほうがもっと良くやれるのだという、下級者側の根深い信念に基づくものである」**と分析した(同書)。

つまり、度が過ぎた親切心から、日本のことをよく知らない主人の指示には従わないことがあるというのだ。カルチャーギャップの典型といえるだろう。

外国人プロフィール

1 エメ・アンベール［一八一九〜一九〇〇］

スイス生まれ。一八六二年に遣日使節団長として来日し、日本・スイス修好条約を締結した。

2 イザベラ・バード［一八三一〜一九〇四］

イギリス生まれ。旅行家・探検家として世界各地を旅し、多くの旅行記を残す。日本には一八七八年に来日し、日光から新潟・山形・秋田を経て北海道に渡り、アイヌの調査を行なった。

3 エドゥアルド・スエンソン［一八四二〜一九二一］

デンマーク生まれで海軍軍人として来日。その後、明治に入ってから大北電信会社の責任者として再来日し、海底ケーブルの設置作業を行なった。

4 バジル・ホール・チェンバレン［一八五〇〜一九三五］

イギリス生まれ。一八七三年に来日し、海軍兵学寮で英語を教え、のちに東京帝国大学で教鞭をとった。一九世紀後半から二〇世紀はじめの日本研究の第一人者。

4-4

日本人学生の高い野心と学習意欲が外国人教師を惚れさせた

向学心に燃える生徒たち

江戸時代、日本はいわゆる鎖国政策をとっており、ごく一部の国や地域としか交流をもたなかった。そのため、幕末明治期に西洋人が多数来日しはじめると、多くの日本人が西洋の進んだ学問や技術を吸収すべく、勉学に励むようになる。

教える立場にあった西洋人は、日本人の向学心の高さに驚いた。みな学習熱心で、意欲に満ち溢れていたからだ。

[1]**モース**は、「**私はもう学生達に惚れ込んでしまった。これほど熱心に勉強しようとする、いい子供を教えるのは、実に愉快だ**」と、教師として手放しの喜びようである（『日本その日その日』）。

さらに、「**これ等の青年はサムライの子息達で、大いに富裕な者も貧乏な者もあるが、皆、お互いに謙譲で丁寧でありまた非常に静かで注意深い**」と、勉学に向かう学生たちの真剣な態度に感心している（同書）。

日本で多数の灯台を建て、「日本の灯台の父」と呼ばれるようになった**リチャード・ヘンリー・ブラントン**[2]（一八四一～一九〇一／イギリス／土木技士）もまた、日本人の学習意欲の高さを称賛した一人だ。

ブラントンは学校を設立し、武士階級の若者を一回につき二～三〇人ずつ受け入れた。多くの生徒は英語を学習した。工学に取り組み、機械の製図や写図を行なう者、灯台業務用船で航海実習を行なう者もいた。

ブラントンはその生徒たちを、「**高度の専門の学問を急速に修得しようと野心に燃えていた**（略）。**学業の進歩は驚異的なものであった**」と称賛した（『お雇い外国人が見た近代日本』）。

また、あまりに向学心が高すぎるせいで、熱意の足りない教師に対して不満をつのらせ、授業をボイコットする生徒たちがいたとも述べている。

ブラントンの学校の生徒たちの意気込みは、生半《なまはん》

●樫野崎灯台

「日本の灯台の父」といわれるブラントンの設計により、和歌山県串本町に建てられた。彼の設立した学校には、多くの若者が詰めかけ、先進知識をどん欲に吸収しようとした

可《か》なものではなかったようだ。学ぶことに対して、これほど積極的な学生は現代ではまずお目にかかれない。

日本人の知識はアメリカの大卒以上

教えを請いにやって来る学生が、思いのほか博識であることを指摘したのは、**ジェームス・カーティス・ヘボン**[3]（一八一五〜一九一一／アメリカ／宣教師・医師）だ。彼は、日本の学生たちのことを、「**アメリカの大学卒を凌ぐほどの学力を身につけています**」と母国の雑誌に発表している（「スピリット・オブ・ミッション」）。

じつは江戸時代の日本では、非常に高度な教育が行なわれていた。鎖国下であっても、オランダとは長崎・出島での貿易が許されていたため、日本人はオランダの学問である蘭学を通じて、悪戦苦闘しながらも世界の最新情報を得ていた。

また、各藩が設立した藩校では、藩の中枢を担う者を育てるために、儒学のほか、医学・洋学・兵学や天文学なども教えていた。さらに、出島のオランダ商館付き医師**フィリップ・フランツ・シーボルト**[4]（一七九六〜一八六六／ドイツ／医師）が長崎の郊外に設立した鳴滝塾《なるたきじゅく》や、緒方洪庵《おがたこうあん》が大坂に開いた適塾《てきじゅく》などの私塾では、全国から集まった門人が切磋琢磨《せっさたくま》していた。こうした充実した教育システムのおかげで、日本人の教育水準は高く保たれていたのである。

ヘボンによると、学生たちは、オランダ語を翻訳した「酸素・水素・動脈・神経・軟骨」と

●全国に設立された学校

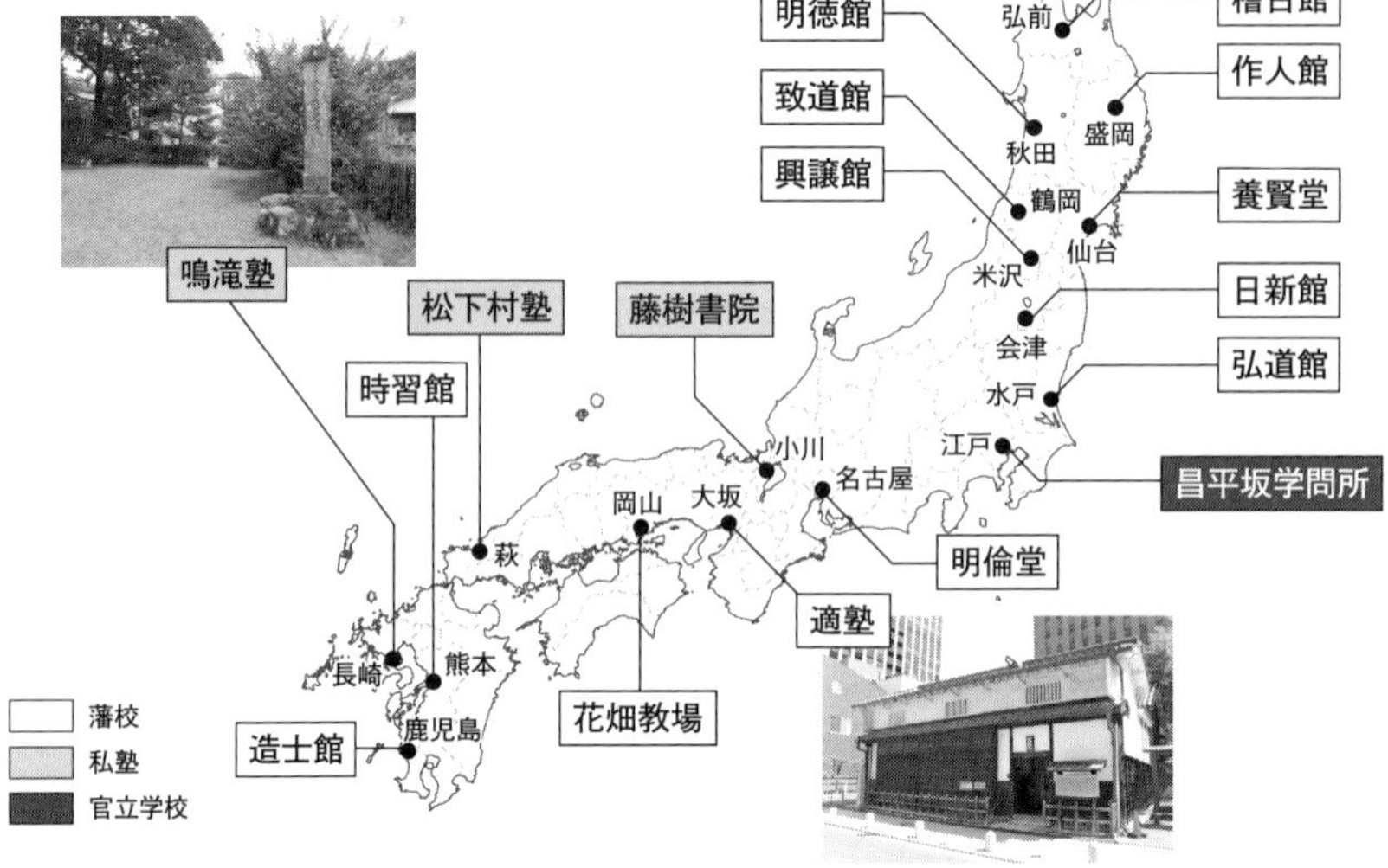

いった言葉の意味をすでに知っていた。さらに、蘭学を通じて高等数学や代数・幾何などにも精通していたという。大きな衝撃を受けたヘボンは、**「日本人は実に驚くべき国民です」**と書いている（「スピリット・オブ・ミッション」）。

庶民も知識欲旺盛で勉強熱心だった

向学心が高いのはインテリ階層だけではなかった。庶民からも向学心旺盛な気質が見受けられた。

日米和親条約の結果、初代駐日総領事として下田に赴任した[05]**タウンゼント・ハリス**（一八〇四～一八七八／アメリカ／外交官）は、日本の庶民が非常に勉強熱心であると指摘している。下田の人々が、アメリカ人をつかまえては体の一部分を指し示して英語で何というか聞いたり、「How much dollar?」を「浜千鳥（ハマチドリ）」と、よく似た日本語の発音に直して覚えたりしているというのだ。

庶民も一つでも多くのことを学ぼうとする。身分が違うから知識を増やしても意味がない、などと考えず、知識欲や好奇心が旺盛な点を外国人は評価したようだ。

外国人プロフィール

1 エドワード・S・モース［一八三八～一九二五］

アメリカ生まれ。東京大学の教授として、一八七七年から三度にわたり訪日。庶民の風俗や暮らしに魅了され、さまざまな品を本国に持ち帰っている。大森貝塚の発見者として知られる。

2 リチャード・ヘンリー・ブラントン［一八四一～一九〇一］

イギリス・スコットランドの生まれ。庭園芸業者に就職後、エディンバラの王立植物園に勤務。チウズィックの王立園芸協会の温室主任として植物採集のためにアジアに派遣された。

3 ジェームス・カーティス・ヘボン［一八一五～一九一一］

アメリカ生まれ。キリスト教の信仰が厚い家庭に生まれ育ち、大学で医学博士の学位を取得。日本開国の知らせを聞いて来日し、施療所を開いた。日本語研究にも没頭し、ヘボン式ローマ字を考案。

4 フィリップ・フランツ・シーボルト［一七九六～一八六六］

ドイツ生まれ。オランダ人として来日し、出島のオランダ商館の医師に着任。評判を呼び、長崎郊外で鳴滝塾を開いて日本人に医学や自然科学を教えた。

5 タウンゼント・ハリス［一八〇四～一八七八］

アメリカ生まれ。日本の平和的開国とアメリカの貿易権益の確保のため、一八五六年に来日。下田・玉泉寺に領事館を構え、日米修好通商条約を締結した。

4-5

外国人にはやっかいな存在に映った、異常なまでの「名誉」への執着心

名誉を汚されれば怒りに燃える

これまでみてきたように、日本人の国民性に対する外国人の評価は、おおむね良好だったといえる。しかし、そうしたなかでも、マイナスの評価を下された点もあった。それは「名誉」に対する異常なまでの執着である。

戦国時代に来日したイエズス会司祭の**アレッサンドロ・ヴァリニャーノ**（一五三九〜一六〇六／イタリア／宣教師）は、織田信長の歓待を受けたり、天正遣欧使節団《てんしょうけんおうしせつだん》をローマに派遣するなど、日本に深くかかわった人物だ。彼の目にも日本人の名誉を重んじる国民性がはっきりと映っていた。

「日本人は、全世界でもっとも面目と名誉を重んずる国民であると思われる。すなわち、彼ら

は侮辱的な言葉は言うまでもなく、怒りを含んだ言葉を耐えることができない。（略）もっとも下級の職人や農夫と語る時でも我等は礼節を尽くさねばならない。さもなくば、彼等はその無礼な言葉を耐え忍ぶことができず……」（『日本巡察記』）

悪口を言われたり罵倒されたりすると、名誉を汚されたと考え、怒りに燃える。そんな堪《こら》え性《しょう》のない気質を見抜かれていたようだ。

イエズス会の創設者で、日本にはじめてキリスト教を伝えた**フランシスコ・ザビエル**（一五〇六～一五五二／スペイン／宣教師）も、日本人のやや高慢ともとれるプライドの高さを指摘する。

彼は、「**私たちがいままで出会った人たちは、これまでに見いだされたうちで最良の人たちです**」と日本人の人間性を絶賛しつつも、「**彼らは、私がいままでにいかなるキリスト教民族の間にも見たことにない特徴を一つ持っています。**（略）**貧困に苦しむ貴族は、たとえお金を提供されても、別の社会階級の人と結婚したいとは決して思いません。彼らは低い階級の人と結婚すると、名誉を失うと思っているからなのです。彼らは富よりも名誉のほうを重んじるという**

●武士の魂

長年、武家社会が続いてきた日本では武士道の精神が育まれ、それが人々の名誉への執着につながった

ことがおわかりでしょう」と述べている（『聖フランシスコ・ザビエル全書簡』）。

厳然たる階級社会では、その階級が名誉の源泉の一つになっていたことがわかる。ではなぜ、日本人は名誉にこだわるようになったのか。その理由は、武家社会で武士道の精神が育まれたからだといわれている。

武士道で重んじられる教えのなかに名誉がある。明治から昭和初期にかけて活躍した教育者の新渡戸《にとべ》稲造《いなぞう》によると、武士の子は幼児期から名誉を教え込まれ、「人に笑われるぞ」「体面を汚すなよ」「恥ずかしくないのか」という言葉で振る舞いを矯正されていた。

それゆえ、武士は名誉を汚されるような言動を最も嫌うようになり、名誉の名のもとに殺傷事件が起こるようなことも珍しくなかったという。

やがて武士道が武士以外にも広まると、名誉に対するこだわりも一般化し、日本人全体の気性となっていったようだ。戦国時代から江戸時代の武士の世に来日した外国人は、その点で苦労したことだろう。武士のみならず町民や農民に接する際にも、彼らの名誉を傷つけないよう、気をつかっていたと考えられる。

「切腹」は名誉回復の究極の手段

日本人が名誉を重んじる国民であることを、外国人に対して最も強烈に印象づけたのが「腹切り」、すなわち切腹だった。

江戸時代前半に長崎・平戸のオランダ商館長をつとめた**フランソワ・カロン**[3]（一六〇〇～一六七三／フランス／商人）は、「**彼らは第一の目的である名誉に邁進する。また恥を知るを以て漫《そぞろ》に他を害《そこな》うことはない。彼らは名誉を維持するためには悦んで命を捨てる**」と述べている（『日本大王国史』）。

●切腹の作法

壱 切腹刀を左手で取り上げ、刀の下から右手を添えて、目の高さに持ってくる

←

弐 切腹刀を右手に持ち替えたら、切っ先を左脇腹に突き立て、右腹のほうに切り裂く

←

参 切腹刀をいったん抜き、刀をみぞおちに突き立て、へその下まで切る

介錯人
切腹人が腹を切った後、一気に首を切り落とす

切腹人
腹を自ら切って死を遂げる

スエンソンも、「日本人は誇り高く自尊心の強い性格で、侮辱に対して敏感、（略）この鋭敏すぎるほどの道義心が復讐心に結びついて、ハラキル（腹切り）という名で知られる異常なまでの自己犠牲をなさしめるのである」と記す（『江戸幕末滞在記』）。

まさに核心を突いた一文だ。

名誉を守るため、または傷つけられた名誉を回復させるためには、自ら腹を切って死ぬしかない。古来、腹部には人間の霊魂が宿っていると信じられており、腹を切ることが武士道を貫く方法とされてきたからだ。

切腹は外国人には理解しがたい方法に違いない。しかし、名誉を重んじる武士道の教えでは至極当然の作法だったのである。

外国人プロフィール

1 アレッサンドロ・ヴァリニャーノ［一五三九〜一六〇六］

イタリア・ナポリの貴族の生まれで、大学で法律を学んだあとイエズス会に入会した。東洋伝道を目標に掲げ、インド・中国を経て一五七九年に来日。織田信長に謁見し、キリスト教布教を行なった。

2 フランシスコ・ザビエル［一五〇六〜一五五二］

スペイン生まれ。パリの大学で哲学教授の資格を得ると、同大学で講義を担当。のちに神学を学び、イエズス会へ入会し、伝道活動を開始、一五四九年に来日した。九州を中心に布教を行なった。

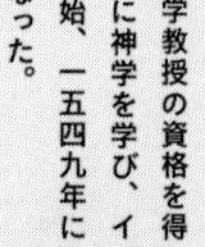

3 フランソワ・カロン［一六〇〇〜一六七三］

フランス人の両親のもとでオランダ領ブリュッセルに生まれた。一九歳のときにオランダ東インド会社に入社、船員として来日。平戸のオランダ商館に勤務し、日本女性と結婚した。

4 エドゥアルド・スエンソン［一八四二〜一九二一］

デンマーク生まれで海軍軍人として来日。その後、明治に入ってから大北電信会社の責任者として再来日し、海底ケーブルの設置作業を行なった。

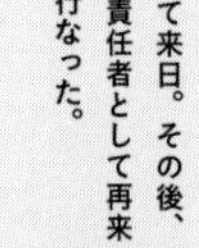

4-6

礼儀正しく親切な一方、「好戦的で残忍」な国民性に驚く

「まるで豚を殺すがごとく……」

名誉に対する執着の強さや切腹などで西洋人を驚かせた日本人には、残念な評価がもう一つつけられた。それは、残忍な民族だというもの。礼儀正しく親切な人々という評価とは正反対の評価である。

ヴァリニャーノ[1]は日本人について、**「この地上に見出されるうちで最も好戦的で、闘争心のある民族」**であり、**「些細なことで家臣を殺害し、人間の首を斬り、胴体を二つに断ち切ることは、まるで豚を殺すがごとくであり、これを重大なこととは考えていない」**と怒りをも込めた言葉で述べている（『日本巡察記』）。

さらにヴァリニャーノは、**「母親でさえ、子供を生むと、食べさせるものがないからという**

だけの理由で、子供の胸に足を載せて、殺してしまうことさえあるのです」（同書）と続ける。

たしかに戦国時代の日本では、戦場に限らず、日常生活でも殺人が少なからず行なわれていた。「口減らし」という名の殺人も行なわれており、貧しさゆえに、生まれてきた子どもを母親や家族が殺すことも珍しくはなかった。そうした日本社会の現実を目《ま》の当たりにして、日本人は野蛮だと感じたのだろう。

ヴァリニャーノの日本批判はさらに続く。「**一五歳になると、若者も大人も、どの社会層の人も、全員が剣と短刀を脇にさします**」と、武士の帯刀の風習に触れ、これが残忍さのあらわれだと主張している（同書）。

●侍と脇差

外国人が日本人の好戦的な性格を象徴するものとしてあげたのが、武家の男子が成人してから腰に差す刀であった。武器を常に持ち歩く姿は異様に見えたようだ

江戸時代の刑罰にみる〝残虐性〟

ヴァリニャーノが指摘する日本人の残虐性は、刑罰の厳しさからもうかがえる。

明治時代以前の武家社会では、現代では考えられないようなむごたらしい刑罰が、ごくふつうに行なわれていた。その典型例が死刑以上の判決である。すなわち死刑だけでは足りず、さらに何か刑罰を付け加えようというものだ。

民衆の目の前で死刑を執行する「公開処刑」、罪人を縛って馬の上に乗せ、それを民衆に見せてから死刑にする「市中引廻《ひきまわ》し」、首をはねてから首だけを獄舎の外に掲げる「獄門《ごくもん》」、罪人の首から下を地中に埋め、その側に竹で作った目の粗い鋸を置いておき、道行く人に鋸を引かせる「鋸挽《のこぎりびき》」などがよく知られている。心中未遂をすれば、二人を一緒に縛って道に放置する「晒《さらし》」という刑罰も実施されていた。

●江戸時代の主な刑罰

軽罪

犯罪	刑罰
賭博、隠売など	過料
軽い盗みなど	敲(たたき)
軽い盗みの再犯など	入墨
賭博、夫のない女との密通など	手鎖
百姓・町人の帯刀など	軽追放
主人の娘との密通など	中追放
関所を忍び通った者など	重追放
博打の主犯、過失殺人、僧侶の女犯など	遠島
酒乱や喧嘩口論による殺人	下手人
10両以上の盗み、辻斬りなど	死罪
主人の妻との密通、強盗殺人、追いはぎなど	獄門(ごくもん)
放火	火罪
主人殺し、親殺しなど	磔(はりつけ)
主人殺し	鋸挽(のこぎりびき)

重罪

※僧侶身分の分を除く

これらの刑罰はいずれも付加刑で、公衆の面前にさらすことにより、日本人が大事にしている「名誉」を傷つけ、死より辛い思いをさせようとの意図があった。また、悪いことをすればこんな惨めな姿になるということを、民衆に見せつける意味合いも含まれていた。

こうした無惨な刑罰が街中で行なわれ、それを大勢の人々が見学していたのだから、外国人がそのようすを見て、残忍な人々だと思っても仕方がないのかもしれない。

しかし、江戸時代の社会は、厳しいだけではなかった。実際にはそうそう悪いことをする人ばかりではないので、ふつうに暮らしていれば、とくに問題はなかっのである。

外国人もそれをわかっていたからこそ、日本人への評価が、ただの残虐な野蛮人とはならなかったのだろう。

外国人プロフィール

アレッサンドロ・ヴァリニャーノ［一五三九〜一六〇六］

イタリア・ナポリの貴族の生まれで、大学で法律を学んだあとイエズス会に入会した。東洋伝道を目標に掲げ、インド・中国を経て一五七九年に来日。織田信長に謁見し、キリスト教布教を行なった。

4-7
「顔で笑って、心で泣いて」……「感情を隠す」国民性は誤解も招いた

武士道が育てた「謙譲の美徳」

ペリー来航から七年後の一八六〇（万延元）年、福沢諭吉ら九六人の遣米使節団《けんべい》が、一八五八（安政五）年に締結した日米修好通商条約の批准《ひじゅん》のために渡米した。

このときの使節団の姿は紋付《もんつ》き袴《はかま》で、腰に日本刀を下げていた。ブロードウェイを行進する日本人の姿を見たニューヨークの人々が、度胆を抜かれたであろうことは想像に難くない。

その光景を、詩人のウォルト・ホイットマン（一八一九～一八九二／アメリカ／詩人・随筆家）が次のように謳《うた》っている。

「西の海を越えて、日本からはるばるやってきた
礼儀ただしく浅黒く日焼けして、腰に二本の刀を携えた使節たちが

無蓋の四輪馬車の中でそりかえり、帽子もかぶらず、表情一つかえずに
今日この日、マンハッタンの大通りを過ぎていく」(『草の葉』)

ここで注目すべきは、「表情一つかえずに」という部分だ。

はじめてアメリカを訪れ、マンハッタンを馬車で行進しているというのに、きょろきょろせず、愛想も振りまかず、ただただ静かに前を向いている日本人の面々。ホイットマンも、彼らの姿とともに表情に注目していたことが、詩から読みとれる。

彼らが表情を変えなかったのは、緊張していたからでも、気分が悪かったからでもない。

そこには日本人に脈々と受け継がれてきた「謙譲の美徳」があった。

日本の武士道は、自分を前面には出さず、やせ我慢すら美徳だと考える。だからこそ、彼らは晴れ舞台であれ、気持ちを顔に出さず、無表情でいることが品格を保つことだと考えていたのだ。だから、はじめてのアメリカ上陸だったにもかかわらず、周囲を眺めて景色を楽しむことすらしなかったのである。

●万延元年の遣米使節

ワシントンの海軍工廠を訪れた日本の使節団。みな一様に無表情を保っている

体面を保つために浮かべる笑顔

感情を表さないのは武士だけではない。庶民の間でも特有の美徳は根づいており、感情を顔に出そうとはしなかった。いや、顔で笑っていても、それは本音ではないことが多かったというべきだろうか。いわゆる「顔で笑って、心で泣いて」である。

そのようすを、**ヴァリニャーノ**[2]は次のように述べている

「感情を表すことにははなはだ慎み深く、胸中に抱く感情を外部に示さず、憤怒の情を抑制しているので、怒りを発することは稀である。（略）人を訪ねた時に相手に不愉快なことを言うべきではないと常に心に期しているので、決して自分の苦労や不幸や悲歎を口にしない。（略）一切の悪口を嫌悪するので、それを口にしないし、自分達の主君や領主に対しては不満を抱かず、天候、その他のことを語り、訪問した先方を喜ばせると思われること以外は口にしない」（『日本巡察記』）

このように、自分の感情を押し殺し、辛くても涙を見せず、不満も漏らさない日本人の気質は、ときに誤解を生むこともある。

明治時代の婦人は、夫の出征を見送る際に、自分を抑えて平然としていることが多かった。その姿を見た西洋人が、「日本の女性は冷たく、同情に欠け、無関心だ」という感想を抱いた。それを事実とは違った解釈だと主張したのが、イギリスの職業写真家**ハーバート・ポンティング**[3]（一八七〇～一九三五／イギリス／写真家）である。

ポンティングは、「**戦場に行く船に乗り込む前に、兵隊が妻や母親に最後の別れを告げる場面を数多く見たが、そこで、彼らが涙を流しているのを見たことがない。逆に笑顔を見たことは何度もある。というのは、日本では笑顔は心の中の苦しさを隠す仮面となっているからだ**」と説明する（『英国人写真家の見た明治日本』）。

そのうえで、「**本当は日本の婦人たちは女性の本能である同情や思いやりに溢れているのだ。夫が出征する場合に自分を抑えることは、体面にかかわる重要なことなのである**」と、女性が感情を露わにしない理由を述べる。内面の辛さを、きちんと理解してくれている西洋人もいたのである。

外国人プロフィール

1 ウォルト・ホイットマン［一八一九～一八九二］

アメリカ生まれ。印刷見習工や教師として働いたのち、新聞『ロングアイラー』を創刊。やがて編集者として新聞社を転々としながら、散文や詩を発表し続け、詩人となる。代表作は「草の葉」。

2 アレッサンドロ・ヴァリニャーノ［一五三九～一六〇六］

イタリア・ナポリの貴族の生まれで、大学で法律を学んだあとイエズス会に入会した。東洋伝道を目標に掲げ、インド・中国を経て一五七九年に来日。織田信長に謁見し、キリスト教布教を行なった。

3 ハーバート・ポンティング［一八七〇～一九三五］

イギリス生まれ。一九〇一年以降、何度か来日し、日本中を旅しながら芸術や風俗、自然に親しんだ。一九一〇年にスコット大佐の第二次南極探検隊に加わり、記録写真を撮った写真家として知られる。

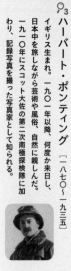

4-8

質素倹約は一種の美学
「貧しくとも貧困ではない」暮らし

「非常に高貴な人々の館ですら簡素で単純」

時代劇を見ていると、将軍の部屋にさえ、ろくに家具がないことに気づく。一方、ヨーロッパの宮殿を見ると、立派な家具が並んでいて、じつに豪華だ。

西洋人もこの違いには驚いた。幕末明治期に来日した西洋人のなかには、城中に招待された者も少なくないが、彼らが一様に口をそろえて指摘するのが「質素さ」だ。

幕末にハリスの通訳官として下田に渡来した**ヘンリー・ヒュースケン**（一八三二〜一八六一／オランダ／通訳）は、「**日本の宮廷は、確かに人目を惹くほどの豪奢さはない。廷臣は大勢いたが、ダイヤモンドが光ってみえるようなことは一度もなかった**」と述べている（『ヒュースケン日本日記』）。

オランダ海軍軍人**ヴィレム・ホイセン・ファン・カッテンディーケ**[2]（一八一六〜一八六六／オランダ／軍人）もまた、「**非常に高貴な人々の館ですら、簡素、単純きわまるものである。すなわち、大広間にも備え付けの椅子、机、書棚などの備品が一つもない**」と驚きを隠さない（『長崎海軍伝習所の日々』）。

たしかに江戸時代の日本には、ベルサイユ宮殿やシェーンブルン宮殿のような贅沢な宮殿や城はどこを探してもなかった。それは、日本の武士道が損得勘定で物事を考えず、金銭そのものを忌み嫌い、むしろ足りないことに誇りを感じていたからだと考えられている。幕府や藩の財政が困窮していたからというのも理由の一つとされるが、質素倹約は、武士にとっての訓練でもあり、美学の一つでもあったのだ。

●明治に来日した外国人による宿屋のスケッチ

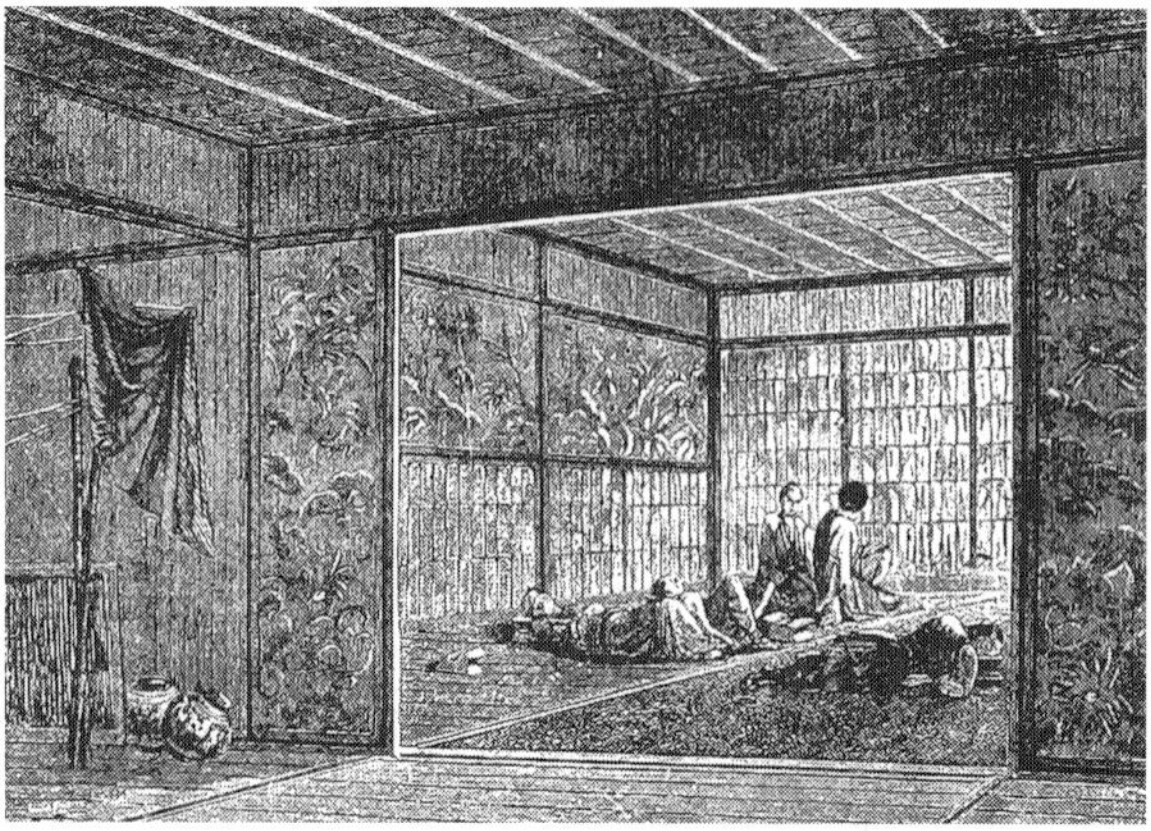

ふすまに鶴の絵が描かれるなど、美しい装飾が見られる一方で、室内には余計な調度品がまったく置かれていない

貧しい人々も清潔に暮らす

とはいえ、江戸時代の庶民が非常に貧しかったことは間違いない。武士道など関係なく、貧乏で家具の一つも買えないという人が多かった。

しかし西洋人には、貧乏にあえぐ人々すら、好印象を以て受け入れられたようだ。**チェンバレン**3は、**「貧乏人は存在するが、貧困なるものは存在しない」**と書いている（『日本事物誌』）。**モース**4も**「貧民区域ではあっても、キリスト教圏のすべての大都市にみられる同類の貧民区域の、あの言いようのない不潔さと比較するならば、まだしも清浄な方である」**と感想を述べる（『日本人の住まい』）。

つまり日本は、たとえ貧しい人々が暮らす地域であっても、西洋に比べると清潔だという。江戸時代の生活を見れば、日常生活に必要な家財道具はごくわずかだということがわかる。当時の日本人はきわめて洗練された方法で、「貧しくとも貧困ではない生活」をおくっていたということが、外国人の言葉から見えてくるのである。

外国人プロフィール

1 ヘンリー・ヒュースケン［一八三二～一八六一］

オランダ生まれ。成人後、アメリカに渡り駐日アメリカ領事タウンゼント・ハリスの通訳兼補佐として日米外交を進めた。また、イギリスやフランスの対日交渉においても通訳として活躍した。

2 ヴィレム・ホイセン・ファン・カッテンディーケ［一八一六～一八六六］

オランダ生まれ。海軍兵学校卒業後、フリゲート艦に乗艦し西インドや大西洋の航海を行なった。一八五七年に徳川幕府から受注した船の引き渡しのために来日し、日本の海軍伝習生を育成した。

3 バジル・ホール・チェンバレン［一八五〇～一九三五］

イギリス生まれ。一八七三年に来日し、海軍兵学寮で英語を教え、のちに東京帝国大学で教鞭をとった。一九世紀後半から二〇世紀はじめの日本研究の第一人者。

4 エドワード・S・モース［一八三八～一九二五］

アメリカ生まれ。東京大学の教授として、一八七七年から三度にわたり訪日。庶民の風俗や暮らしに魅了され、さまざまな品を本国に持ち帰っている。大森貝塚の発見者として知られる。

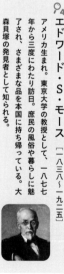

第4章 出典

- 『曲江集』張九齢著：引用元は『中国史のなかの日本像』王勇（農山漁村文化協会）
- 『日本誌（鎖国論）』 E・ケンペル著　今井正訳（霞ケ関出版）
- 『ヤング・ジャパン』 J・R・ブラック著　禰津正志訳（平凡社）
- 『日本事物誌1．2』 B・H・チェンバレン著　高梨健吉訳（平凡社）
- 『ニッポン』 B・タウト著 森儁郎訳（講談社）
- 『ジャポニカ』 エドウィン・アーノルド著 ※引用元は『逝きし世の面影』渡辺京二（平凡社）
- 『日本その日その日』 E・S・モース著　石川欣一訳（講談社）
- 『日本奥地紀行』 I・バード著　高梨健吉訳（平凡社）
- 『日本中国旅行記』 H・シュリーマン著　藤川徹訳（雄松堂書店）
- 『幕末日本図絵』 E・アンベール著　高橋邦太郎訳（雄松堂出版）
- 『江戸幕末滞在記』 E・スエンソン著　長島要一訳（講談社）
- 『お雇い外人が見た近代日本』 R・H・ブラントン著　徳力真太郎訳（講談社）
- 『スピリット・オブ・ミッション』 J・C・ヘボン著
  ※引用元は『ヘボンの生涯と日本語』望月洋子（新潮社）
- 『日本巡察記』 A・ヴァリニャーノ著　松田毅一訳（平凡社）
- 『聖フランシスコ・ザビエル全書簡』 フランシスコ・ザビエル著　河野純徳訳（平凡社）
- 『日本大王国史』 F・カロン著　幸田成友訳（平凡社）
- 『草の葉』 W・ホイットマン著　富山英俊訳（みすず書房）
- 『英国人写真家の見た明治日本』 H・G・ポンティング著　長岡祥三訳（講談社）
- 『ヒュースケン日本日記』 H・ヒュースケン著　青木枝朗訳（岩波書店）
- 『長崎海軍伝習所の日々』 V・H・V・カッテンディーケ著　水田信利訳（平凡社）
- 『日本人の住まい』 E・S・モース著　斎藤正二ほか訳（八坂書房） H・ティリー著
  ※引用元は『逝きし世の面影』渡辺京二（平凡社）
- 『ランドオブザモーニング』 W・G・ディクソン著
  ※引用元は『逝きし世の面影』渡辺京二（平凡社）

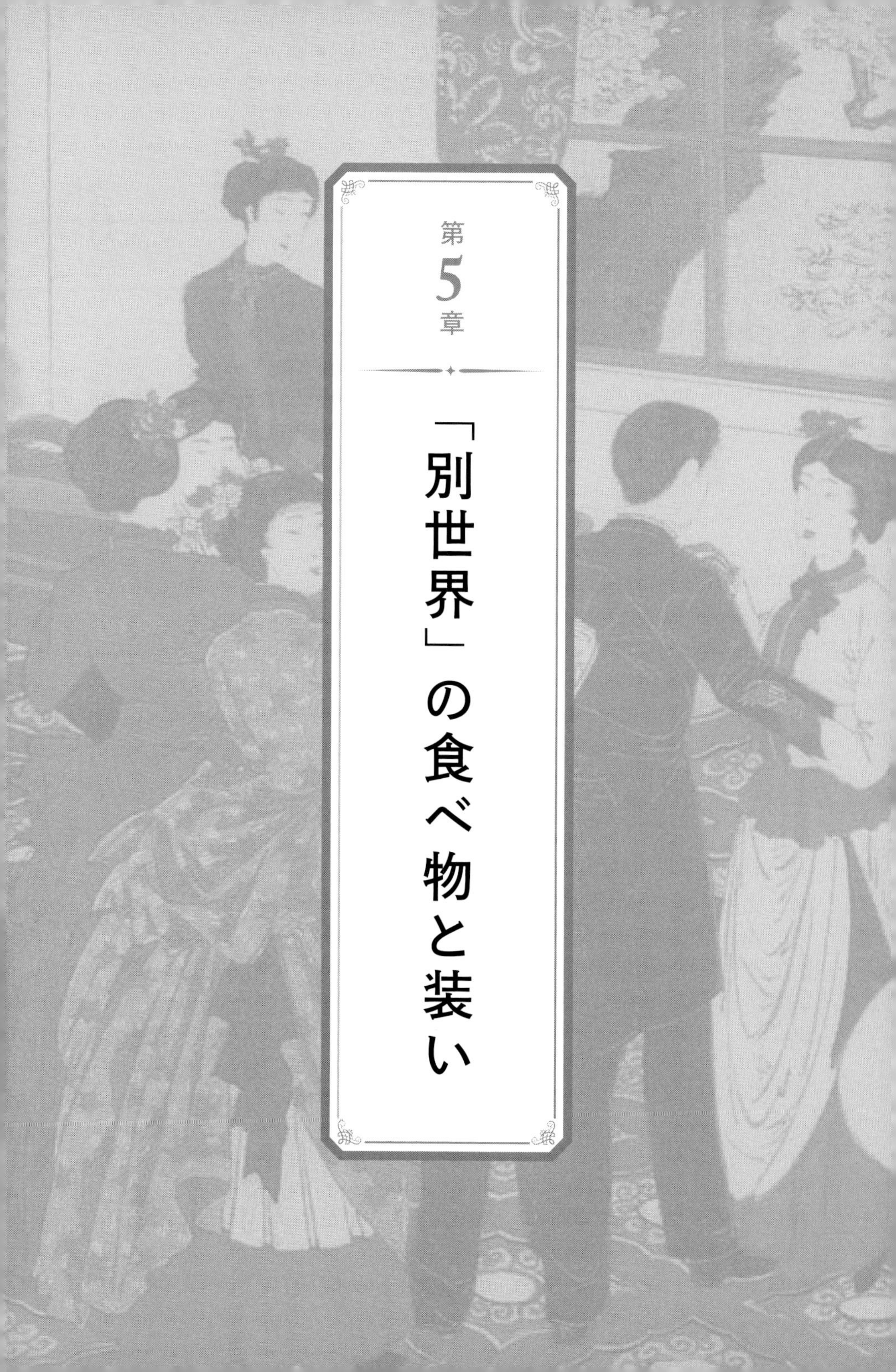

第5章

「別世界」の食べ物と装い

5-1

「量より質」の日本料理に、おおいに閉口した〝大食漢〟たち

〝ままごと料理〟に落胆しきり

現在の日本は世界屈指の美食の国といわれる。とりわけ東京には良質な飲食店やレストランが集まっており、二〇二三年度版の『ミシュランガイド』を見ると、星を獲得した店がどの国の都市よりも多い二〇〇軒にのぼる。東京の世界一はなんと十六年連続である。

この事例からもわかるように、日本は世界に冠たる美食大国なのだが、幕末明治期に来日した外国人は日本の食事に十分満足できなかったようだ。味や素材、給仕の気配りはよかったとしても、分量の少なさに納得がいかなかったのである。

無類の親日家として知られる**エリザ・ルーモア・シドモア**（一八五六～一九二八／アメリカ／女流作家・記者）は、「**日本のご馳走は不条理なほど少量で、一人前がお人形さんのような**

食事です」と嘆いている（『シドモア日本紀行』）。

フェルディナント・フォン・リヒトホーフェン[2]（一八三三〜一九〇五／ドイツ／地理学者）も、**「丸ごとの魚以外の料理はすべてが可愛らしく、感じがよかったが、ヨーロッパの女の子たちが作る人形のためのままごと料理のようで、男の胃袋には適さないように思われた」**と落胆を隠さない（『日本滞在記』）。

最高級料理に不満のペリー！

日本の食事の分量の少なさについては、黒船で来航した**マシュー・カルブレイス・ペリー**[3]（一七九四〜一八五八／アメリカ／軍人）も不満を爆発させている。

一八五四（安政元）年二月十日、日米和親条約の第一回会見ののち、徳川幕府の役人がペリー一行に食事を供することになった。これは、日本人初のアメリカ人に対する公式な饗応《きょうおう》で、どんな料理が出されたかの文献も残っている。

それによると、献立の内容は祝い膳、酒膳に

●本膳料理

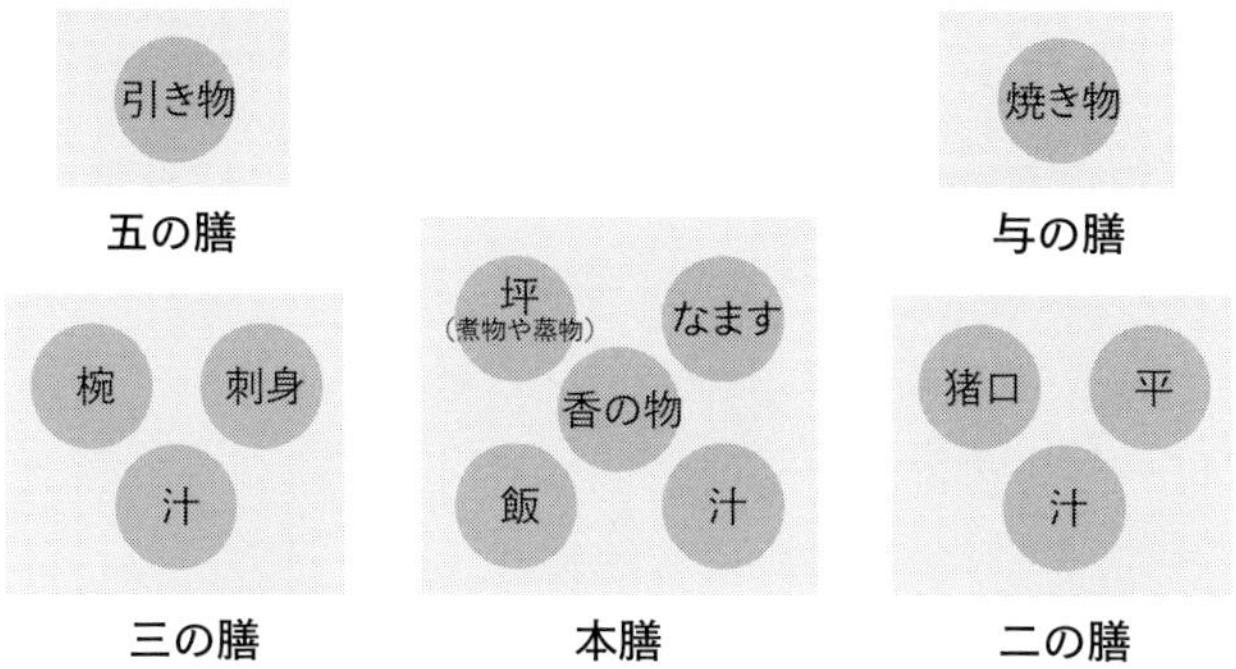

本膳料理は室町時代に確立した伝統的な日本料理で、饗応料理としてはじまり、江戸時代に発達・普及した。その場の格に応じて膳の数が増え、五の膳（または七の膳）が最も丁重な形式とされる

●ペリー一行の饗応

『武州横浜於応接所饗応之図』（横浜市中央図書館蔵）

饗応のメニュー

一、長熨斗敷紙　三寶　一、盃 内曇土器　三ツ組
一、銚子　一、吸物（鯛、ひれ肉）一、千肴（松葉するめ、結昆布）　一、中皿肴（はまぐり、魚目、青山椒）
一、猪口（唐草かれい、口防風、山葵線）

献立
一、吸物（花子巻鯛、筑大根、粉山椒）
一、硯蓋（紅袍綸蒲鉢、伊達巻鮨、うすらい鮨、花形長芋、綿昆布、九年母、河茸線）
一、猪口（土佐醤油、いか酒、辛子、味噌）
一、刺身（平目生肌身、めじ大作り、鯛小川巻、若紫蘇、花山椒）すまし
一、吸物（鞍掛平貝、富貴の頭線）ぶた煮
一、丼（車海老、押銀杏、粒松露、目打白魚、しのうど）鶉卵葛引
一、大平（肉寄串子、六ツ魚小三木、生椎茸、細引人参、火取長芋、霞山椒）
一、鉢肴（鯛筏、反身二巻蒸、風干、自然生土佐煮、土筆からし漬、酢取生姜）
一、茶碗（鴨大身、竹の子、茗荷、竹線）

二汁五菜本膳
一、鱠（蚫笹作り、糸赤貝、白髪大根、塩椎茸、栗生姜、葉金柑）
一、汁（米摘入、千鳥午房、布袋しめし、二葉菜、花うとめ）
一、香の物（奈良瓜、花塩、味噌漬蕪、房山椒、しの葉菜）
一、煮物　六ツ花子煎子豆腐　花菜

二之膳
一、蓋　小金洗鯛より海老白髪長芋重椎茸　揃三ツ菜
一、汁　丼鯛背切初露昆布
一、猪口 七子のり鳴しの牛蒡　一、台引大蒲鉾
一、焼物　掛塩鯛　一、吸物　吉野魚玉の露
一、盃　一、銚子　一、中皿肴　平目作り身花生姜
一、飯鉢　一、通一、湯一、水

メニューの品数からわかるように、黒船の艦隊に饗応された献立は、二汁五菜の本膳を基調とした本格的な日本料理であり、最高級のもてなしだったといえる。しかしペリーら西洋人からすると量が少なく、貧相な料理と断じられた

続いて本膳料理二汁五菜。縁起物のタイの塩焼きからエビ・アワビ・ヒラメなどの海の幸をつかった料理、山の産物を取り合わせた料理、さらに煮物や吸い物も順番に配された。江戸の高級料亭「百川《ももかわ》」による最高級の献立である。

幕府としてはアメリカに権威を見せつける必要があったため、日米合わせて五〇〇人分の膳を用意した。その費用は二〇〇〇両（一億二〇〇〇万円）にも及んだという。

このときのようすを、ペリーは詳細に書き残している。

「料理——といっても、われわれの考えるディッシュとは似ても似つかないが——は、中国や琉球と同様の方法で調理されていた。おもに濃いスープというか、むしろ薄いシチューというべきもので、実はほとんど新鮮な魚である。

そういう料理が次から次に小さな器で出されて、それに醤油その他の調味料がついてくる。食事には砂糖菓子やケーキがつきものである。

サケは言うまでもない。サケには強弱があって、熱くして飲んだり冷たいまま飲んだりする。料理はコースごとに小さな漆塗りの台に載せてテーブルに運ばれてくる」（『ペリー提督日本遠征記』）

肝心の料理の味はどうだったのか、感想が気になるところだが、じつはペリーはこの饗応に不満たらたらだった。

「日本人の食物に関しては、たいへん結構とは言いかねる。見た目の美しさや豪華さにどんなに贅をこらそうとも、日本の厨房はろくなものを生み出していないと言わざるをえない」（同

●ポーハタン号上後甲板での宴会

日本政府による饗応のあとに、ペリーらが日本政府要人らを招いての宴会が催された。日本人は、ペリーいわく「(日本が) 出した分の20倍」もの肉料理やワインを喜んで口にしたという (横浜開港資料館蔵)

書) と、怒りを噴出させている。

さらにペリーは、ポーハタン号において自ら催した午餐会で出した料理は、「(日本が) **出した分の二〇倍にはなるだろう**」と、自国の料理の量の多さを強調しているのだ。

現代の日本人からすると、「幕府の公式な饗応だから、上品に少なめの盛りつけにしたのだろうか」と思うが、そうではなかったらしい。

ペリーはそれまでにも日本人に食事を出されたことが何度かあり、「**量の点ではむしろこのときが一番多かったくらいで**」と書いている (同書)。

おそらくペリーは、日本に来て

からずっと出される食事の少なさに不満を抱えており、憤懣《ふんまん》やるかたない思いでいたところ、またもや少ない量での饗応を受けた。それでついに堪忍袋の緒が切れ、日記に不満を書き連ねたのだろう。

日本人が海外に出かけると、一回ごとの食事の量の多さに閉口することが多い。食べる量の違いによる不満は、いまも続いているのである。

外国人プロフィール

1 エリザ・ルーモア・シドモア ［一八五六～一九二八］

アメリカ生まれ。女性として初の米国地理学協会理事に就任した東洋研究の第一人者。日本には計三度訪れている。

2 フェルディナンド・フォン・リヒトホーフェン ［一八三三～一九〇五］

ドイツ生まれ。ベルリン大学卒業後、地質学者となりアルプス山脈などの地質学調査を行なった。日本には一八六〇年と七〇年の二度やって来ている。一八六八年からは中国の調査を進め、『シナ』を著した。

3 マシュー・カルブレイス・ペリー ［一七九四～一八五八］

アメリカ生まれの海軍提督。幕末期の日本に二度来航し、日本を開国へと向かわせた。「日米和親条約」を締結したほか、来日時には日本に関して広く見聞し、当時の日本の風俗などを詳細に記録した。

5-2

いまは世界を席捲する「和食」が、幕末明治期には散々な言われよう

❖「肉もなく牛乳もなくパンもなく……」

ペリーは日本の食事の少なさを嘆いたが、日本の食習慣そのものに不満を漏らす西洋人も少なくなかった。たとえば、[1]**バジル・ホール・チェンバレン**（一八五〇～一九三五／イギリス／日本学者）である。

明治初期に来日し、日本語や日本文化を研究したチェンバレンは、「**日本料理は、ヨーロッパ人の味覚をとうてい満足させることができない。**（略）**肉もなく、牛乳もなく、パンもなく、バターもなく、ジャムもなく、コーヒーもなく、サラダもなければ、よく料理した野菜の十分な量もない。いかなる種類のプリンもなく、とろ火で煮た果物もなく、新鮮な果物も比較的少ない**」と、日本にない食品や料理を次々と列挙して不満をぶちまけている（『日本事物誌』）。

明治以前の日本には、獣肉を食べたり、牛乳を飲んだりする習慣は定着していなかった。果物を煮てジャムにしたり、野菜を生で食べたりすることもなかった。加熱調理した野菜や新鮮な果物はあったが、西洋人には量が足りなかっただろう。

「米と薩摩芋と茄子と魚ばかり……」

日本の食習慣のなかで、西洋人をもっとも悩ませたのは、彼らがいちばんのご馳走としていた肉や乳製品を食べられなかったことだろう。

エドゥアルド・スエンソン（一八四二～一九二一／デンマーク／軍人）が、「**ここではお米が最上最高の栄養源で、それに卵、魚、海老、乾豆、野菜が少々**」（『江戸幕末滞在記』）というように、日本人は基本的に肉を食べることをしなかったのだ。

その理由は、宗教の影響によるものだといわれている。神道では肉食《にくじき》は穢《けが》れとみなされており、仏教では殺生《せっしょう》は禁じられている。そのような観点から、肉食はタブー視されるようになったというのだ。だから、肉が一般に流通することはなく、西洋人が肉や乳製品を食べようとしたところで簡単には手に入らない。

エドワード・S・モース（一八三八～一九二五／アメリカ／動物学者）は、「**ここ二週間、私は米と薩摩芋と茄子と魚ばかり食って生きている**」と自嘲し、「**君たちが米国で楽しみつつあるうまい料理の一皿を手に入れることが出来れば、古靴はおろか、新しい靴も皆やってし**

まってもいい」とまで書いている（『日本その日その日』）。
西洋料理が恋しくて恋しくて仕方なかったのだろう。

牛乳は子牛に飲ませるもの？

明治時代に入ると、政府は近代化の一環として国民に肉を食べるよう奨励した。それまで肉食に慣れていなかった国民が戸惑うと、政府は明治天皇に肉を食べてもらい、肉食を宣伝。これをきっかけに、都市部では牛鍋を食べるのがブームとなった。

しかし、それでもまだ多くの日本人は、「外国人は血のしたたるような肉を食べる」と恐れ、バターやチーズの匂いまでも嫌った。

やがて大規模な家畜の飼育がはじまり、北海道には開拓使によってたくさんの牧場がつくられた。しかし、**アドルフ・フィッシャー**[4]（一八五六～一九一四／オーストリア／芸術史家）が北海道旅行で牧場を訪れると、やは

●肉を食べるようになった日本人

『牛店雑談安愚楽鍋』仮名垣魯文より。明治時代以降、日本人にも肉食が定着し、この絵のように牛鍋などが人気を博した。それ以前に来日した西洋人は肉が恋しくて恋しくてたまらなかった（国立国会図書館蔵）

り肉食は定着しておらず、**「大部分の日本人は肉を食べないどころか、牛乳やチーズを敵視している」**とあきれている（『明治日本印象記』）。

フィッシャーはまた、ある女性が子どもに母乳を飲ませているのを見て、牧場でとれた牛乳をどうしているのかという疑問を抱いた。その疑問をぶつけてみると、**「子牛に飲ませている」**との答え（同書）。せっかくの牛乳を、どうして人間が飲まないのかと拍子抜けしたに違いない。

海外に出かけた日本人が長く現地で生活していると、白いご飯が食べたい、新鮮な魚を食べたいと切望するようになる。幕末明治期に日本にやって来た西洋人も、これとまったく同じ思いにとらわれ続けていたのである。

外国人プロフィール

1 バジル・ホール・チェンバレン［一八五〇〜一九三五］

イギリス生まれ。一八七三年に来日し、海軍兵学寮で英語を教え、のちに東京帝国大学で教鞭をとった。一九世紀後半から二〇世紀はじめの日本研究の第一人者。

2 エドゥアルド・スエンソン［一八四二〜一九二二］

デンマーク生まれで海軍軍人として来日。その後、明治に入ってから大北電信会社の責任者として再来日し、海底ケーブルの設置作業を行なった。

3 エドワード・S・モース［一八三八〜一九二五］

アメリカ生まれ。東京大学の教授として、一八七七年から三度にわたり訪日。庶民の風俗や暮らしに魅了され、さまざまな品を本国に持ち帰っている。大森貝塚の発見者として知られる。

4 アドルフ・フィッシャー［一八五六〜一九一四］

オーストリア生まれ。一八九二年に初来日を果たし、以後六度も来日している。東アジア美術史・東アジア民族の研究家でもある。

5-3

江戸は酔っ払いの天下!? 泥酔と無理強いの悪癖に困った外国人

「喉を酒の漏斗《ろうと》にする」

西洋人は日本人に対してはおおむね好感をもったが、彼らが「日本人の悪癖」と口を揃えることが一つあった。飲酒の風習である。

もちろん西洋人とて酒は飲む。イギリス人やドイツ人のビール好き、フランス人のワイン好きは有名だ。しかし、日本人は相手にしつこく酒をすすめたり、泥酔するまで飲むなど困った飲み方をする。彼らはそういうことを嫌ったのだ。

戦国時代に九州などでキリスト教を布教した**ルイス・フロイス**（一五三二～一五九七／ポルトガル／宣教師）は、「**われわれの間では誰も自分の欲する以上に酒を飲まず、人からしつこくすすめられることもない。日本では非常にしつこくすすめ合うので、あるものは嘔吐し、ま**

●江戸時代の居酒屋

板壁には酒の銘柄や料理のメニューが書かれている

椅子やテーブルはなく、客は座敷に上がって酒を飲んだ

居酒屋には当然、酔っ払いもおり、「日没以降は酔っ払いの天下」と述べた外国人もいた

『開化風刺錦絵』「揚酒屋賑ひの図」

た他のものは酔払う」と記している（『ヨーロッパ文化と日本文化』）。

現代の日本にも宴会などで酒をしつこくすすめ合い、嫌がる者にまで飲ませようとする習慣が残っている。外国人はそうした習慣を冷ややかな目で見ているのだろう。

またお雇い外国人教師の**ウィリアム・エリオット・グリフィス**[2]（一八四三～一九二八／アメリカ／科学者）は、普段は穏和で働き者の使用人が、しばしば酒を飲みすぎるようすを見て、「**喉を酒の漏斗にする**」とあきれ果てている（『明治日本体験記』）。

しかもその使用人は、芸者遊びをしながら飲むためすっかり金を使い果たしてしまい、女房にこっぴどく

●飲酒する江戸女性

喜多川歌麿画「浮世風俗やまと錦絵　錦絵全盛時代下巻」より。日本では、男女に関わらず酒をよく飲んだ（国立国会図書館蔵）

叱られてはしょんぼりするのが常だったという。

江戸時代前半に長崎・平戸のオランダ商館長として活躍した[3]**フランソワ・カロン**（一六〇〇〜一六七三／フランス／商人）は、日本人が自宅でもよく酒を飲むことを記している。

「（家にやって来る人が）**気にいった朋友だと主人は酒を饗せんとし、**（略）**そうなると来客は酒を口にせず帰ることは出来ない。客を厚遇し、彼をして痛飲せしむるため、唄・笛・三味線を以て特別な歓迎を示し、酣飲爛酔《かんいんらんすい》するに至る**」（『日本大王国史』）

その主人は、客にたくさん飲ませるために唄や笛、三味線でもてなすのだという。

大盛り上がりの花見では異人さんもお友達

一方、花見の酔っ払いのようすを臨場感たっぷりにレポートしているのが、明治中期にしばしば日本を訪れた女流作家の**シドモア**4だ。
ある日、シドモアが隅田川の花見に出かけると、警官が交通整理するほど人でごった返している。そして川面に浮かぶ船に、たくさんの酔っ払いが乗っていた。
「半端で奇妙なかつらを被った乗客が自由奔放、おばかさん丸出しで叫び歌い、手拍子をとり、三味線をでたらめに掻き鳴らすさまは、堅物人種アングロサクソンの驚愕と羨望の的です。花見客はみな、瓢箪《ひょうたん》を肩に吊すか手桶を持って酒盛りに熱中し、お金と意識が続く限り器を空にし、買っては満たし、これを繰り返します。誰も彼もがみな同胞、よき隣人となり、『異人さんも一杯いかが』とアルコール活力剤を陽気に振舞います」（『シドモア日本紀行』）
大盛り上がりに盛り上がり、シドモアも誘われて一緒になって楽しんだようだ。

外国人プロフィール

1 ルイス・フロイス［一五三二～一五九七］
ポルトガル生まれのイエズス会宣教師。一五六二年に来日し、織田信長から厚遇を受けた。

2 ウィリアム・エリオット・グリフィス［一八四三～一九二八］
アメリカ生まれ。グラマースクールの教師としてラトガース大学で日本の留学生に外国語を教えた。一八七〇年に宣教師として来日。外国語や生理学も教えた。

3 フランソワ・カロン［一六〇〇～一六七三］
フランス人の両親のもとでオランダ領ブリュッセルに生まれた。一九歳のときにオランダ東インド会社に入社、船員として来日。平戸のオランダ商館に勤務し、日本女性と結婚した。

4 エリザ・ルーモア・シドモア［一八五六～一九二八］
アメリカ生まれ。女性として初の米国地理学協会理事に就任した東洋研究の第一人者。日本には計三度訪れている。

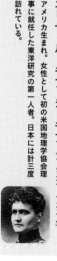

5-4

独特な身なりとおかしな着こなし……奇異に映った日本人の洋装

羽織は外套《がいとう》、袴《はかま》はズボン

世界には、日本文化の象徴として「キモノ」をイメージする人が多い。日本を訪れた外国人男性はほぼ例外なく、着物や浴衣を着た女性に魅了される。

江戸・明治期に来日した西洋人が、「ニッポン」を最も強く感じたものも、やはり服装だったようだ。とくに、羽織袴《はおりはかま》を着用する武士の姿は非常に興味深かったらしい。

西洋人にとって、羽織は短い外套《がいとう》、袴はズボンのように見えた。

江戸時代前期に渡来した**エンゲルベルト・ケンペル**（一六五一～一七一六／ドイツ／医師）は、まず「**馬に乗っている日本人は、非常に滑稽で奇妙な姿勢をしている**」と体型の悪さを指摘。そのうえで、「**幅が広くふくらんだ外套を着、ダブダブのズボンをはいているので、背丈**

●江戸時代の男性の服装

男子の正装

当時の男子の正装は、裃（かみしも）をつけることだった。小袖の上に、共布で作った肩衣（かたぎぬ）と袴を着用するのが基本で、武士のほかに、富裕層の百姓や町人も用いた

上半身

肩幅を広く見せるため、江戸時代中期はくじら髭を中に入れて張らせる衣装がはやった。のちに肩の線に丸みを持たせる「一文字」などが主流となった

下半身

裃は半裃と長裃、継（つぎ）裃の3種に大別された。半裃が通常の竹で広く使われたが、右図の長裃に比べて格式が下がる。長裃は裾を引きずりながら歩くのが正式

※『Japanese court dress』Vicke Andren（1881年）

男子の普段着

男子の普段着は、小袖（こそで）を基本としていた。ただし身分によって素材が異なり、商家の主人などは絹織物を用いたが、一般的には木綿や麻に限られた

色柄

元禄（げんろく）頃は層模様など派手な総柄がはやったが、享保（きょうほう）期以降は、渋い染織が流行した。一番の大流行は縞（しま）柄で、男女ともに愛用された

肌着

下着は褌（ふんどし）が基本。伊達男（たておとこ）は尻っぱしょりで自慢の褌を見せびらかした。またこの絵のように裕福な男性はなかに長襦袢（ながじゅばん）を着込んだ

※『絵本吾妻抉』（国立国会図書館蔵）

と横幅がほとんど同じくらいになってしまう」と、羽織袴姿の日本人の不格好さに言及している（『江戸参府旅行日記』）。

「日本人の衣服は非常に見すぼらしい」と断言するスエンソン[2]も、羽織袴を話題にする。

「上流の人々は下に長い下着を着用、腰のところを短いズボンで締める。このズボンは脛の辺りまでしか届かず、幅が広いのでスカートに似ている」「武士に欠かせない二本のサーベル（剣）は、ズボンを締めている腰の帯にさしてある」（『江戸幕末滞在記』）

袴は日本男性の正装として、あるいは運動着として欠かせない伝統的な着物。その袴も、西洋人にしてみれば、ズボンと同じように見えたのだ。

また、スエンソンは笠や兜《かぶと》について面白い見解を述べている。

「日本人が頭にかぶる帽子（笠や兜）は種類が多く、（略）どれもこれもその非実用性ときたら、つくづく感心させられてしまう。禿頭《はげあたま》のてっぺんにのせられている髪の束《ちょんまげ》が原因らしい」（同書）

たしかに笠や兜は、ちょんまげを崩さないように内側がひどく複雑なつくりになっていた。内側には詰め物が二つついていて、その間にちょんまげをおさめ、ひもで結ぶ。だから頭に接しているのは詰め物だけで、帽子はまたその上にのることになる。

スエンソンは、これを紐で結ぶだけで、どうして頭のてっぺんにのせておけるのか不思議でならなかったのだ。

勘違いした洋装に「喝」を入れる

そうした日本の服装文化も、明治の文明開化とともに大きく変化していく。男性はしだいに羽織袴を脱ぎはじめ、昭和初期に銀座を歩く男性の八割は洋服を着ていた。

しかし日本人男性の場合、得意気に西洋の真似をしてみても、おかしな洋装になってしまうことがよくあった。親日家として知られる**モース**[3]でさえ、「これはちょっと……」と思う人物をしばしば目撃したという。たとえば彼は、次のように述べている。

「先日私が見た一人の男は、ほとんど身体が二つ入りそうな燕尾《えんび》服《ふく》を着、目まで来る高帽に紙を詰めてかぶり、何番か大きすぎる白木綿の手袋をはめていた。彼はまるで独立記念日の道化役者みたいだった」(『日本その日その日』)

お雇い外国人として西洋建築の導入に尽力した**ジョサイア・コンドル**[4](一八五二〜一九二〇/イギリス/建築士)も、**「ある国の伝統的な衣服には、その国の習慣や気候風土、あるいは国民の体型から**

●洋服を着はじめた日本人

楊洲周延『貴顕舞踏の略図』より。明治政府の欧化政策により、日本人は洋装化。この鹿鳴館での舞踏会でも当然、みな洋装をしているが、西洋人の目には滑稽に映ることもあった

生み出された合理性と必然性があります。長い歴史の中で形成されて来た衣服を脱ぎ捨て、外国の衣服を着ることは、滑稽でありかつまた愚かなことと言わねばなりません」と、日本の服装の文明開化を批判している（『日本アジア協会紀要』）。

どうやら西洋人が滑稽に思ったのは、自分をよく見せようと背伸びした日本人のファッションだったようだ。彼らは、機敏に行動できるよう尻はしょりをして下半身を露わにしている武士の従者や、雨合羽《あまがっぱ》姿の農夫、紺色の上着とパッチの仕事着を着た大工、寒いときに手ぬぐいで頰被りをしている者などを見ておおいに目を惹かれたが、少しもおかしいとは思わなかった。西洋化を急ぐあまり、本来の姿を見失いつつある日本人に警鐘を鳴らしてくれたのである。

外国人プロフィール

1 エンゲルベルト・ケンペル［一六五一～一七一六］

ドイツ生まれ。オランダ東インド会社に入り、一六九〇年に出島のオランダ商館付医師として来日。在日二年ののちオランダに帰る。

2 エドゥアルド・スエンソン［一八四二～一九二一］

デンマーク生まれで海軍軍人として来日。その後、明治に入ってから大北電信会社の責任者として再来日し、海底ケーブルの設置作業を行なった。

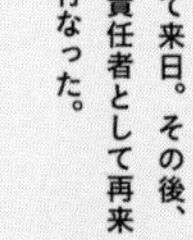

3 エドワード・S・モース［一八三八～一九二五］

アメリカ生まれ。東京大学の教授として、一八七七年から三度にわたり訪日。庶民の風俗や暮らしに魅了され、さまざまな品を本国に持ち帰っている。大森貝塚の発見者として知られる。

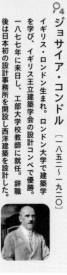

4 ジョサイア・コンドル［一八五二～一九二〇］

イギリス・ロンドン生まれ。ロンドン大学で建築学を学び、イギリス王立建築学会の設計コンペで優勝。一八七七年に来日し、工部大学校教師に就任。辞職後は日本初の設計事務所を開設し西洋建築を設計した。

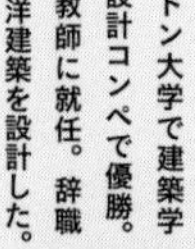

5-5

白い肌を理想とした厚化粧は、外国人にはまったくウケなかった

「白い肌、細い目、小さい口」を目指して

現代の日本では、メイクをしてもナチュラル風に仕上げるのが常識で、厚化粧は敬遠される傾向にある。しかし、戦国から江戸時代にかけての女性たちはみな厚化粧だった。肌の白さこそ美しさの基本とされ、白粉をベースとして何度もせっせと塗り重ねたのだ。不自然だろうが何だろうが、とにかく白いほどよかったのである。

当時の女性の化粧について、西洋との違いを詳しく観察しているのが**フロイス**[1]だ。

「ヨーロッパでは、化粧品や美顔料が顔に残っているようでは不手際とされている。日本の女性は白粉を重ねる程、一層優美だと思っている」「ヨーロッパでは大きな目を美しいとしている。日本人はそれをおそろしいものと考え、涙の出る部分の閉じているのを美しいとしてい

る」（『ヨーロッパ文化と日本文化』）

たしかに、日本の古墳の壁画や平安時代の絵巻物を見ると、女性はみな色白に描かれている。目は糸を引いたように細く（引目）、口は小さい。江戸時代の浮世絵の美人画も同じだ。女性たちは、それを理想としていたのだろう。

白く塗りたくるのは表情を隠すため？

しかし日本人女性の厚化粧は、外国人の目には「やりすぎ」と映ることが多かった。どんな女性が美人かという基準は、国によっても時代によっても異なるが、それにしても、とくに江戸末期の女性たちは厚塗りが過ぎたようだ。

ケンペル[2]は、「**アジアのどんな地方でも、この土地の女性ほどよく発育し美しい人に出会うことはない**」と、日本人女性を褒めている（『江戸参府旅行日記』）。だが、化粧については批判的で、次のように厚塗りを残念がっている。

「**いつもこってりと白粉を塗っているので、もしもその楽しげで朗らかな顔つきが生気を示すことがなかったら、我々は彼女たちを操り人形だと思ったであろう**」（同書）

スエンソン[3]に至っては、「**社会の最下層の女性でさえ、紅や白粉の類を使い、塗りたくればきれいさが増すと思っているようだが、外国人の目から見ると身の毛もよだつような印象しか与えない**」と、さんざんな言いようだ（『江戸幕末滞在記』）。

●江戸女性のおしゃれ術

スキンケア

きめ細かで艶やかな素肌を保つため、洗顔料としてぬかを使う。また、化粧水としてはへちま水やきゅうり水が一般家庭でつくられ、よく使われていた。歌川豊国、国久『江戸名所百人美女』（国立国会図書館蔵）より

白粉化粧

白粉を水で溶き、顔や首筋に伸ばした後、顔にあてた紙の上からぬらした刷毛ではいて白粉を肌に落ちつかせる。こうすると厚化粧に見えないようになる。歌川豊国、国久『江戸名所百人美女』（国立国会図書館蔵）より

幕府に幽閉されていた**ヴァシリー・M・ゴロウニン**[4]（一七七六〜一八三一／ロシア／軍人）もまた、日本人女性の容貌を「**死人のよう**」と述べている（『続・日本俘虜実記』）。

ではなぜ、日本の女性たちは、みな真っ白に塗りたくる化粧をしたのか。何を思って、毎日化粧に多大な時間と労力を注ぎ込んでいたのだろう。

現代の化粧は、自身の自然な表情や魅力を引き出すために行なうが、当時の化粧は喜怒哀楽を押し隠すためのものだったのだ。感情を露わにするのは不作法で、はしたないことと考えられており、化粧をして表情を読み取られないよ

うにするのが礼儀とされていたのである。

江戸後期に書かれた『都風俗化粧伝』には、化粧するときは自分の心を清くして父母に孝を尽くし、嫁して舅姑によく仕え、夫に貞節を守り……と、まるで修身の教科書のようなことが延々と説かれている。

女性なら誰でも美しくありたいという願望があるうえに、白塗り化粧ならば、道徳的にも推奨された。だから女性たちは、誰はばかることなく化粧をし、真っ白になった自分の顔に満足していたのである。

しかし、時代は変わる。明治時代以降、しだいに薄化粧が主流になっていった。

外国人プロフィール

1 ルイス・フロイス ［一五三二～一五九七］

ポルトガル生まれのイエズス会宣教師。一五六二年に来日し、織田信長から厚遇を受けた。

2 エンゲルベルト・ケンペル ［一六五一～一七一六］

ドイツ生まれ。オランダ東インド会社に入り、一六九〇年に出島のオランダ商館付医師として来日。在日二年ののちオランダに帰る。

3 エドゥアルド・スエンソン ［一八四二～一九二一］

デンマーク生まれで海軍軍人として来日。その後、明治に入ってから大北電信会社の責任者として再来日し、海底ケーブルの設置作業を行なった。

4 ヴァシリー・M・ゴロウニン ［一七七六～一八三一］

ロシア生まれ、世界周航中、喜望峰でイギリス海軍に捕らえられ、脱走。松前藩に送られて二年以上幽閉され、高田屋嘉兵衛との交換で釈放された。

5-6 理解は困難？ 髪型や装いに隠された日本女性の矜持と粋の美意識

帯や裏地へのこだわりが注目された

日本人女性を見た西洋人が驚いたのは、厚化粧だけではなかった。女性の衣類へのこだわりにも大きな衝撃を受けた。

そもそも江戸時代の女性は、現代の女性とは異なり、年齢や未婚・既婚によって服装や髪形を変えていた。

娘時代に着用するのは振袖。袖丈が長い着物で、一一〇センチメートルを超えるものもあった。一九歳で元服を迎えるか、結婚をすると、留袖を着用した。留袖という名は長い振袖の丈を縫い合わせて短く留めることに由来する。

そんな女性の着物の「帯」に仰天したのが、考古学の巨星、**ハインリッヒ・シュリーマン**

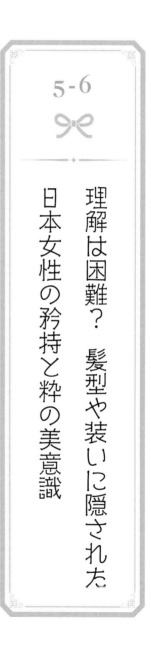

（一八二二〜一八九〇／ドイツ／考古学者）である。
シュリーマンは、世界周遊の旅のなかで江戸時代の日本にやって来た。そして女性の着物の帯を見て、「**二重の布地で作られているきわめて長いこの帯は、常に弾薬入れにも似た非常に大きな結び目を背中に作る仕方で、きちんと整えられている**」と述べた（『日本中国旅行記』）。大きく膨らむ帯の結び方を弾薬入れにたとえている点がユニークで面白い。西洋にはこうした着物などなかったから、そうした発想も無理なからぬところだろう。

スエンソンも帯に着目した。女性のお洒落のポイントが帯であることに気づいた彼は、「**腰の所を何本もの幅広く色とりどりの絹の帯で締めておさえる**」と記す（『江戸幕末滞在記』）。西洋にも女性用のベルトや布地を巻きつけるサッシュベルトは

●衣類にこだわった江戸女性

振袖

元服前、未婚の女性が着る。袖丈が長く、最長で110センチメートル以上になった

留袖

元服後、既婚の女性が着る。長い振袖の丈を縫い合わせて短く留めたもの

あるが、日本人女性が帯に向ける情熱とは比べようがない。スエンソンは、帯についてどのような意味があるのか、完全に理解はできなかったようだが、**「おそらく目を楽しませるものに違いない」**と、想像を述べている（同書）。

裏地も注目ポイントのひとつ

もう一つ、日本人女性がこだわったのが着物の「裏地」である。

明治時代に東京医学校（現・東大医学部）で教鞭《きょうべん》をとった**エルヴィン・ベルツ**[3]（一八四九～一九一三／ドイツ／医学者）は、女中として働いていたハナという名の日本人女性を見初《みそ》め、生涯の伴侶とした。

ある日、ベルツはハナが地味な黒羽織の裏地を豪華な綾織緞子《あやおりどんす》にしているのを見て首をかしげる。すると彼女は、「**貴重なものは誰にも彼にも見せるものではありません。何もかもさらけ出して見せるのは下品なことです**」と返した（『ベルツの日記』）。この言葉から、ベルツは日本女性の矜持《きょうじ》を見たはずだ。

そもそも着物の裏地を豪華にするのは、江戸時代に緊縮財政のため何度も出された奢侈《しゃし》禁止令にルーツがあるといわれている。表側に贅沢な生地を使うと処罰されるので、目立たない裏地に金をかけた。それが粋だとみなされ流行したというのだ。

ハナがこの美意識を念頭に置いていたかどうかは定かでないが、日本人がこうした志向をもっているのはたしかである。

身体の上部ほど華やかに

またチャールズ・ワーグマン[4]（一八三二〜一八九一／イギリス／ジャーナリスト・漫画家）は、日本の女性と西洋の女性のファッションを比較した戯画を描いている（『イラストレイテッド・ロンドン・ニューズ』）。

それを見ると、日本の女性は複雑に結い上げた髪型や大きく結んだ帯など、身体の上に行くほど華やかに幅広になる。スエンソンが、日本女性の髪について**「髪は頭のてっぺんでまとめて趣味よく盛り上げるが、小さな体全体に比べるとあまりにも大きすぎる。髪の結い方、編み方は複雑で色々」**と記したとおりだ（『江戸幕末滞在記』）。

一方、西洋の女性のファッションは、大きくふくらみ裾を引きずるスカートに象徴され

●西洋女性と日本女性のちがい

ワーグマン画「西洋女性と日本女性の比較」。頭を頂点に三角形を描く西洋女性に対し、日本女性の着こなしは逆三角形の形に見える（『ワーグマン日本素描集』岩波書店より）

るように、下にいくほど幅広になる。

西洋の女性に比べて、肉体のボリュームがない日本人女性は、着物を着てこそ美しさが引き立つ。そのことがよくわかる構図になっているのである。

日本人女性が洋服を着はじめたのは、男性よりずっと遅かった。上流階級の女性は、鹿鳴館《ろくめいかん》時代に政府の方針で洋装をしたが、これが西洋人に好評だったとはいえず、一般に広がることはなかった。やがて上流夫人たちも洋装をやめて着物に戻っている。

洋服を着た女性が街角で見られるようになったのは、大正時代になってからのことである。着物よりも動きやすいことから看護婦やバスガイドなどの職業婦人の制服として導入され、それから洋装の女性が少しずつ増えていった。

外国人プロフィール

1 ハインリッヒ・シュリーマン［一八二二〜一八九〇］
ドイツ生まれ。船乗りの時代に船が難破してオランダ領に漂着後、商人となり巨万の富を築いた。経済活動から引退後、世界周遊旅行へと出て幕末の日本にやって来た。のちにトロイア遺跡を発見している。

2 エドゥアルド・スエンソン［一八四二〜一九二一］
デンマーク生まれで海軍軍人として来日。その後、明治に入ってから大北電信会社の責任者として再来日し、海底ケーブルの設置作業を行なった。

3 エルヴィン・フォン・ベルツ［一八四九〜一九一三］
ドイツ生まれ。一八七六年に日本政府の招きによって訪日。東京医学校（現・東京大学医学部）にて生理学や病理学などを教え、日本の医学の発展に大きな功績を残す。

4 チャールズ・ワーグマン［一八三二〜一八九一］
イギリス人ジャーナリスト、漫画家。一八六一年に来日し、横浜に居住。西洋風の漫画がポンチ絵と呼ばれ文明開化の風物となった。日本女性とのあいだに一男を設けた。

第5章 出典

- 『シドモア日本紀行』 E・R・シドモア著 外崎克久訳（講談社）
- 『日本滞在記』 F・V・リヒトホーフェン著 上村直己訳（九州大学出版会）
- 『ペリー提督日本遠征記』 M・C・ペリー著 木原悦子訳（小学館）
- 『日本事物誌1.2』 B・H・チェンバレン著 高梨健吉訳（平凡社）
- 『江戸幕末滞在記』 E・スエンソン著 長島要一訳（講談社）
- 『日本その日その日』 E・S・モース著 石川欣一訳（講談社）
- 『明治日本印象記』 A・フィッシャー著 金森誠也ほか訳（講談社）
- 『ヨーロッパ文化と日本文化』 R・フロイス著 岡田章雄訳（岩波書店）
- 『明治日本体験記』 W・E・グリフィス著 山下英一訳（平凡社）
- 『日本大王国史』 F・カロン著 幸田成友訳（平凡社）
- 『江戸参府旅行日記』 E・ケンペル著 斎藤信訳（平凡社）
- 『日本アジア協会紀要』 ジョサイア・コンドル著
  ※引用元は『鹿鳴館を創った男 お雇い建築家ジョサイア・コンドルの生涯』
  畠山けん（河出書房新社）
- 『続・日本俘虜実記』 V・M・ゴロウニン著 徳力真太郎訳（講談社）
- 『日本中国旅行記』 H・シュリーマン著 藤川徹訳（雄松堂書店）
- 『ベルツの日記 上・下』 E・V・ベルツ著 菅沼竜太郎訳（岩波書店）
- 『イラストレイテッド・ロンドン・ニューズ』 C・ワーグマン
  ※引用元は『ワーグマン日本素描集』清水勲（岩波書店）

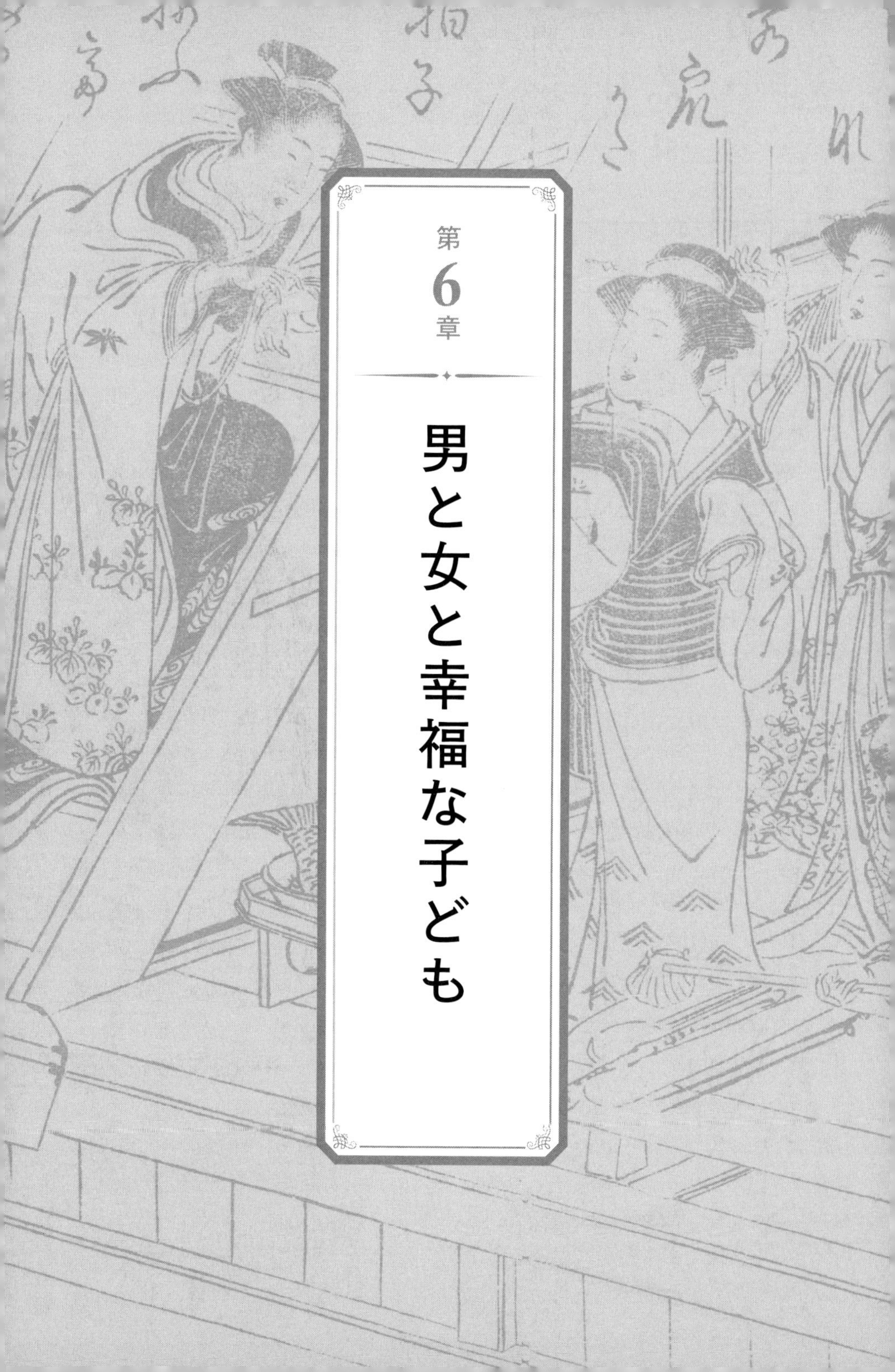

第6章

男と女と幸福な子ども

6-1

混浴は「煉獄」？「アダムとイヴ」？理解不能な日本の風呂文化

全裸の男女が同居する〝ありえない光景〟

日本人は世界でもまれにみる風呂好きである。そのことは、いまも昔も変わらないが、江戸時代の入浴スタイルは現在とは大きく違っていた。

当時、自宅に風呂を備えていたのは上級武士くらいで、庶民が入浴する際には銭湯に行くことと決まっていた。その銭湯の多くが混浴だったのである。

現代の銭湯といえば、番台を挟んで男湯と女湯に仕切られた構造が一般的だ。しかし江戸時代の銭湯は、男湯と女湯が分かれていないのが普通で、脱衣場も流し場も双方からまる見え。浴槽にも男女が一緒に入っていた。

採光が悪く、流し場から浴槽への入り口が暗かったため、風紀を乱す者は少なくなかったと

●混浴の公衆浴場

『ペルリ提督日本遠征記』よりハイネ画「下田の公衆浴場」。禁止令がたびたび出されたが、庶民には「混浴は風紀を乱すもの」という考えがなく、なかなか改まらなかった

いわれる。それでも当たり前のように混浴が行なわれていたのだ。

そんな日本の混浴文化に触れた西洋人は、みなほとんど驚愕している。

たとえば、一九世紀末に日本を訪れたイギリス人女性は、銭湯のようすを、キリスト教世界の「煉獄《れんごく》」（死者の霊魂が苦しみを受けながら最後の審判を待つ場所）にたとえた。つまり彼女の目には、銭湯が地獄のような光景に映ったのだ。

もともと日本には、古くから共同で風呂に入る習慣があった。一方、西洋では風呂に入ることすら一般的ではなく、清潔を保つ手段といえば、下着を取り替えたり、露出している部分を拭く程度だった。

キリスト教の禁忌に触れることもあり、男女が一緒に入浴するなど、とうてい考えられないことだったのである。

混浴に聖なる世界を見た！

その一方で、日本の混浴文化に理解を示す西洋人もいた。「プラントハンター」として幕末に来日した**ロバート・フォーチュン**[1]（一八一三〜一八八〇／イギリス／植物学者）は、地方の村で混浴の情景を目撃し、次のように書いている。

「子、孫、曾孫など、数世代にわたる丸裸の男女が、一緒に混浴していた。これは外国人には奇抜な観物だった。（略）**公衆浴場や個人の風呂は、雑踏する都市の中でも、このような田舎でも、日本中どこでも見られる」**

（『幕末日本探訪記』）

またトロイアの遺跡を発見した考古学者**ハインリヒ・シュリーマン**[2]（一八二二〜一八九〇／ドイツ／考古学者）は、**「夜明けから日暮れまで、禁断の林檎《りんご》を齧《かじ》る前のわれわれの先祖と同じ姿になった老若男女が、いっしょに湯をつかっている」**と驚いた。そしてはじめて銭湯の前を通

●近代以降の銭湯史

年	出来事
17世紀初頭	●各町に銭湯ができて普及する ●都市部で男性客を対象に垢すりなどを行う湯女（ゆな）が登場（湯女風呂）。湯女と男女の関係になる客も少なくなかった
17世紀半ば	●風紀上の理由により、幕府が湯女風呂禁止令を出すが、ほとんど効果なし
1657	●幕府の取り締まり強化で湯女風呂が廃止。これ以降、銭湯（男女混浴）が庶民の憩いの場になる
1791	●寛政の改革の際に混浴禁止命令が出されるが、改まらず
1841	●天保の改革の際にも混浴禁止命令が出されるが、ほとんど改まらず
1868以降	●江戸・築地にある外国人居留地内の銭湯が混浴禁止に
1879	●湯屋取締規則により東京で混浴が禁止に
19世紀末	●全国で混浴の銭湯がなくなっていく

り、多数の全裸の男女を目にしたときには「**なんと清らかな姿だろう！**」と、思わず叫んでしまったと告白している（『シュリーマン旅行記』）。

日本の混浴文化を目《ま》の当たりにしたフォーチュンとシュリーマンは、いずれも『旧約聖書』の「創世記」に描かれる世界をイメージしたようだ。すると彼らの目には、日本人の男女が、さながらアダムとイヴのように映っていたのかもしれない。

しかしながら、日本の混浴文化を理解する西洋人はやはり少数派で、快く思わない者のほうが多かった。「**道徳心をもつ国民性がありながら、文化的には後進的**」と評した記録も残っている。

そうした外国人からの批判的意見を気にした明治政府は一八六八（慶応四）年、外国人居住地としていた築地周辺での混浴を禁止する。さらに一八七九（明治十二）年には、東京府内すべてを混浴禁止とし、その後も混浴禁止令や浴場施設の規則の制定を継続した。

それでも混浴文化はなかなかなくならなかったが、一九〇〇（明治三十三）年に一二歳以上の男女混浴を厳しく禁じた内務省令が出ると、混浴文化はいよいよ風前の灯火となった。

外国人プロフィール

1 ロバート・フォーチュン［一八一二〜一八八〇］

イギリス・スコットランドの生まれ。庭園芸業者に就職後、エディンバラの王立植物園に勤務。チウズィックの王立園芸協会の温室主任として植物採集のためにアジアに派遣された。

2 ハインリッヒ・シュリーマン［一八二二〜一八九〇］

ドイツ生まれ。船乗りの時代に船が難破してオランダ領に漂着後、商人となり巨万の富を築いた。経済活動から引退後、世界周遊旅行へと出て幕末の日本にやって来た。のちにトロイア遺跡を発見している。

6-2

すべては両親の命ずるまま……西洋とは異なる見合い結婚

武家社会になって一変した結婚観

現代の日本では、恋愛結婚が最も一般的だ。男女が互いの合意に基づいて結婚する。個人の自由がなにより尊重される現代にふさわしい形態といえよう。一方、「婚活」の流行からわかるように、結婚相手を探し求めて結婚相談所や合コン、マッチングアプリなどを活用する人も多い。一時は下火だった見合い結婚も少しずつ見直されているという。

現代の日本の結婚は、じつにさまざまで自由だ。これは日本古来の伝統で、貴族でも武士でも自由な恋愛結婚が行なわれてきた。

平安時代は男性が好きな女性に和歌を贈り、女性が返し歌をすれば結婚成立という自由ぶりだった。鎌倉時代以降、武家社会を中心に見合い結婚がはじまったが、恋愛結婚も続いていた。

ところが戦国時代から江戸時代にかけて、大きく事情が変わる。恋愛結婚に代わって、見合い結婚が主流になったのだ。

東京帝国大学で日本語や日本文学を研究していた**バジル・ホール・チェンバレン**（一八五〇〜一九三五／イギリス／日本学者）は、「**結婚は、日本人の場合は西洋の場合よりも個人的な**

●日本における結婚形態の変遷

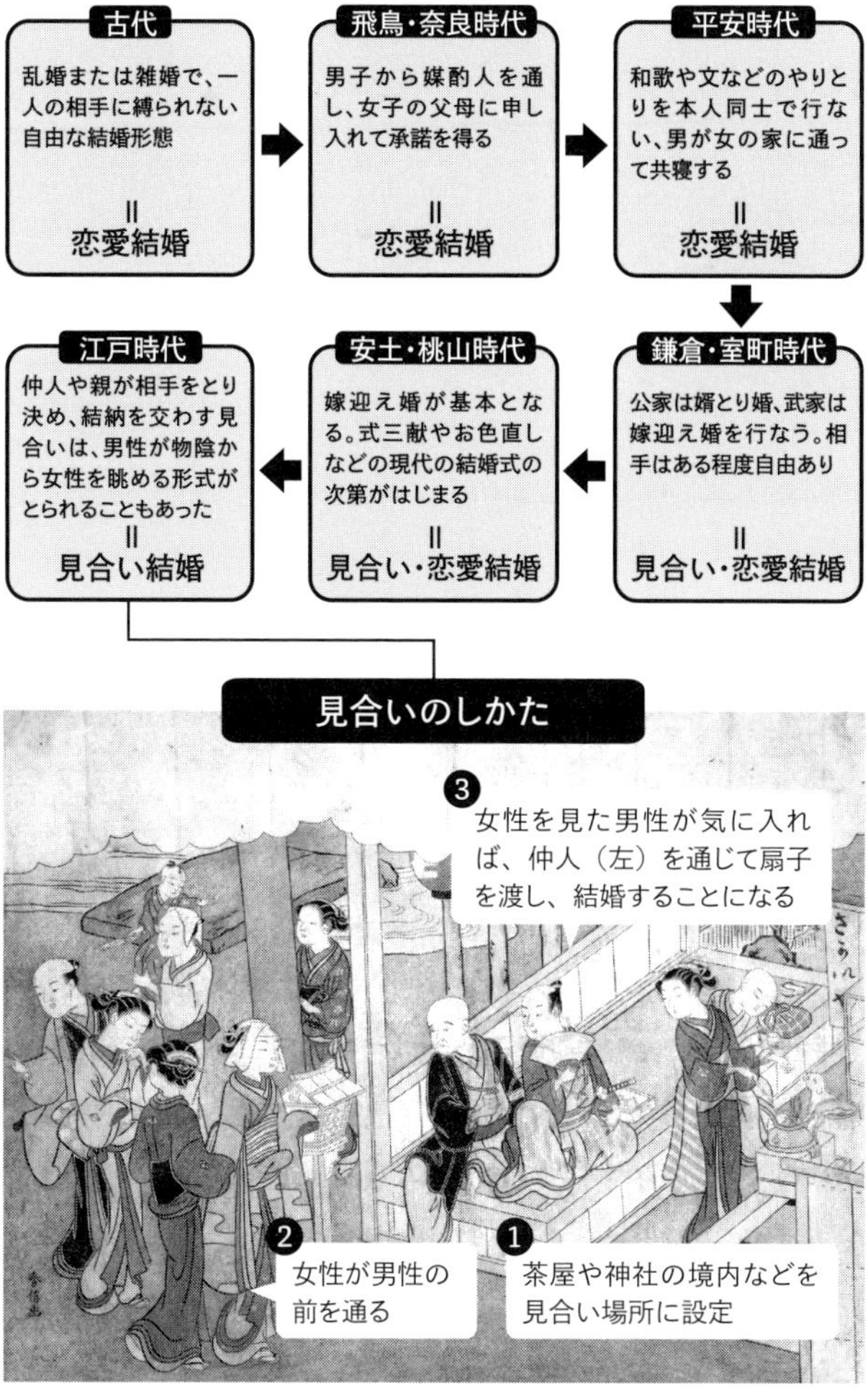
古代
乱婚または雑婚で、一人の相手に縛られない自由な結婚形態
＝
恋愛結婚
飛鳥・奈良時代
男子から媒酌人を通し、女子の父母に申し入れて承諾を得る
＝
恋愛結婚
平安時代
和歌や文などのやりとりを本人同士で行ない、男が女の家に通って共寝する
＝
恋愛結婚
鎌倉・室町時代
公家は婿とり婚、武家は嫁迎え婚を行なう。相手はある程度自由あり
＝
見合い・恋愛結婚
安土・桃山時代
嫁迎え婚が基本となる。式三献やお色直しなどの現代の結婚式の次第がはじまる
＝
見合い・恋愛結婚
江戸時代
仲人や親が相手をとり決め、結納を交わす見合いは、男性が物陰から女性を眺める形式がとられることもあった
＝
見合い結婚
見合いのしかた
❶ 茶屋や神社の境内などを見合い場所に設定
❷ 女性が男性の前を通る
❸ 女性を見た男性が気に入れば、仲人（左）を通じて扇子を渡し、結婚することになる

『春信婚姻之図』鈴木春信より。江戸時代には現代では考えられないような様式で見合いが行なわれていた（国立国会図書館蔵）

ところは少なく、家族的な問題である」と断言（『日本事物誌』）。さらに、「日本の結婚は両家によって取り決められる」「彼らの子どもが――男子でも女子でも――結婚適齢期に達すると、適当な相手を見つけてやることが親の義務となる」などとも述べている。

自由だったはずの恋愛が、なぜ変わってしまったのだろうか。

女性は結婚に際して「意志」はもてない！

戦国時代から江戸時代にかけて、それまで農村に基盤を置いていた武士が城下町に集住するようになり、武家の若い娘がむやみに町で遊び歩くのはどうかとの考えが強まった。そのため、男女の出会いの場がなくなってしまい、「見合い」という新たな結婚の形が主流になったともいう。

そもそも見合いとは、仲介者が男女を引き合わせて、互いの容貌や性格などを見、気に入れば結婚するというもの。茶屋や神社の境内が見合い場所に設定され、男性が物陰から女性を眺め、気に入ったら結婚するという形がとられていた。

●祝言の三三九度

新郎新婦が夫婦固の杯として三々九度を行なうようすを撮影した写真。本来であれば男女の稚児（ちご）が酌をする役割を担っていた（長崎大学附属図書館蔵）

中下級武士も、庶民と同じような形で見合いを実施。上級武士の場合、同格の家と家の結合という意識が強かったため、江戸時代末期までは、当人同士が顔を合わせないまま行なわれることが多かった。したがって正式に縁談が決まり、いざ結婚相手の顔を見てガッカリ……といったことも珍しくなかったはずである。

チェンバレンが、「**男が女を、あるいは女が男を嫌だと思うならば、万事それでおしまいになる**」というように（『日本事物誌』）、本人同士の好き嫌いで破談になるケースもないわけではなかった。しかし、相手を好きになれそうにないからとの理由で縁談をなかったことにするのは難しかったようだ。

チェンバレンも、「**若い人びとは両親の手中に握られているから、両親の命ずるままにしなければならない。特に女子は、この問題に関してはとるに足りない人間である。女子は意見を持つものではないのである**」と書いている（同書）。

結婚相手の顔も、人柄もろくに知らず、会ってすぐに夫婦になる。まさに、究極のスピード結婚である。

外国人プロフィール

バジル・ホール・チェンバレン［一八五〇〜一九三五］

イギリス生まれ。一八七三年に来日し、海軍兵学寮で英語を教え、のちに東京帝国大学で教鞭をとった。一九世紀後半から二〇世紀はじめの日本研究の第一人者。

6-3

公然と行なわれていた妾制度に、外国人は目を丸くした

妾《めかけ》をもつのは男の甲斐性

一九八〇年代半ば、中年男性が小指を立てて、「私はコレで会社を辞めました」とつぶやく禁煙グッズのCMが話題になった。「コレ＝小指」は女性の意味だ。周知のとおり、日本のサラリーマン社会では、プライベートなスキャンダルが出世に影響する。妻帯者の不倫や男女関係のトラブルは、当事者同士のトラブルになるのはもちろん、会社での立場に大きくかかわってくる。そうした世情を背景とするCMだった。

江戸・明治期はどうだったのだろうか。当時も現代と同じく一夫一婦制がとられていたが、夫が妾《めかけ》（愛人）をもつことは珍しくなかった。

アメリカの日本文化研究の第一人者**ウィリアム・エリオット・グリフィス**（一八四三〜一九

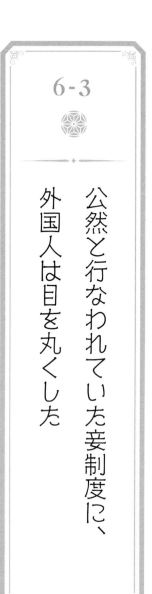

二八／アメリカ／科学者）が、**「子供ができるという条件で一妻が決まりである」**と記すように（『明治日本体験記』）、一夫一婦制は、あくまで妻が跡取りを生んだときに適用される決まりごとだった。

不幸にして跡取りができない場合は、**「夫は家系を守るための子孫を育てるために女を置くことが公然と認められ、またその妻からも強くすすめられる」**ことが多かった（同書）。妻の本音はどうあれ、自分で跡取りを生めない妻は、夫に妾をもてと勧めたというのである。

グリフィスは、**「日本人は正妻は一人だが、養えるなら一人でも二人でも女を囲ってよい」**とも書いている（同書）。つまり、当時の男性にとって、妾をもつことは男の甲《か》斐性《いしょう》だった。社会的立場が危うくなるどころか、妾は稼ぎのある人間であることの証明だったわけだ。

◆ 女性の不義密通は問答無用で斬り捨て

一方、女性が不貞をはたらこうものなら、厳罰が科された。長崎・平戸のオランダ商館長**フランソワ・カロン**[2]（一六〇〇～一六七三／フランス／商人）は、密通した女性に対する処置について、次のように記述している。

「男は公娼または公娼類似の婦人の元に通い、多くの妾を抱えても無罪であるが、妻は（略）**、ある男と秘密に会話したというような小さな罪のために、死を以て罰せられる」**（『日本大王国史』）

一九世紀初頭の世相を描いた『享和雑記《きょうわざつき》』という随筆にも、不貞をはたらいた妻が夫に成敗された話が載っている。それによると、ある日、城から帰宅した旗本の大井新右衛門《おおいしんえもん》が、自分の養子として迎えていた吉五郎という若者と自分の妻を、問答無用で斬り殺した。二人が不義を働いたからだという。

事の真相は不明だが、当時は不義密通者を成敗することが許されていたため、新右衛門はまったくのお咎《とが》めなし。吉五郎の遺体は、実家に引き取らせたが、妻の死骸は取り捨てとなった。つまり、ろくに葬ってもらえずに捨てられたのだ。

それでも強く優しく、かいがいしい明治の女性

このように江戸明治期には妾制度が公然と認められる一方で、妻の不貞は重罪とされる男尊《だんそん》女卑《じょひ》の時代だった。しかし江戸時代、庶民の家庭では婦人の権限がある程度認められており、一家の家計をやりくりするのは女性の役目とされた。

明治時代の女性の家庭生活については、日露戦争の頃に来日した[3]**ハーバート・ポンティング**（一八七〇～一九三五／イギリス／写真家）が詳しく描写している。

「日本では婦人たちが大きな力を持っていて、彼女たちの世界は広い分野に及んでいる。家庭は婦人の領域であり、宿屋でも同様である」（『英国人写真家の見た明治日本』）

また、ポンティングは日本各地を旅行したとき、行く先々で日本の女性から手厚いもてなし

を受け、以下のように絶賛している。

「日本を旅行するときに一番すばらしいことだと思うのは、何かにつけて婦人たちの優しい手助けなしには一日たりとも過ごせないことである。（略）もしも貴方を世話して寛がせ、どんな用でも足してくれる優しく明るい小柄な婦人たちがいなければ、魅力ある行楽向きの国とはならなかったであろう。彼女たちはいつも笑顔を絶やさず、外国人の客がどんな不合理なことであっても、朝であろうが、夜であろうが、いつでも客の言いつけを喜んでしてくれるのだ」（同書）

日本の女性の優しさや甲斐甲斐しい働きぶりは、遠い異国を訪れた右も左もわからない西洋人に、大きな安らぎと幸福感をもたらした。そして日本の印象アップに貢献したのである。

外国人プロフィール

1 ウィリアム・エリオット・グリフィス［一八四三〜一九二八］

アメリカ生まれ。グラマースクールの教師としてラトガース大学で日本の留学生に外国語を教えた。一八七〇年に宣教師として来日。外国語や生理学も教えた。

2 フランソワ・カロン［一六〇〇〜一六七三］

フランス人の両親のもとでオランダ領ブリュッセルに生まれた。一九歳のときにオランダ東インド会社に入社、船員として来日。平戸のオランダ商館に勤務し、日本女性と結婚した。

3 ハーバート・ポンティング［一八七〇〜一九三五］

イギリス生まれ。一九〇一年以降、何度か来日し、日本中を旅しながら芸術や風俗、自然に親しんだ。一九一〇年にスコット大佐の第二次南極探検隊に加わり、記録写真を撮った写真家として知られる。

6-4

僧侶や武士、庶民にまではびこる、おおっぴらな「男色」に驚愕！

珍しくなかった同性愛

日本には古くから同性愛の風習があった。日本人の同性愛といえば、仏教寺院での男色が有名で、僧侶が稚児《ちご》と呼ばれる召使いの少年を相手に色事を行なっていた。武家社会でも男色は存在し、源義経と弁慶、織田信長と森蘭丸などが同性愛カップルだったといわれている。

来日した外国人の多くは、こうした日本の同性愛事情に驚いていたようだ。

たとえば、室町時代以来、朝鮮王朝から将軍のもとに派遣されて来ていた朝鮮通信使は、日本に男同士の同性愛が蔓延しているといつも必ず話題にした。安土桃山時代に渡来したキリスト教の宣教師も同様で、イエズス会の創始者**フランシスコ・ザビエル**（一五〇六～一五五二／スペイン／宣教師）は、次のように書いている。

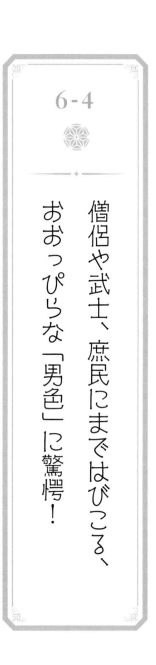

「坊主（僧侶や修道士）たちは、この下品な悪習にふけっていて、そのことを公然と告白しているありさまである。（略）いくら彼らを非難しても、彼らはあたかも恥の感覚にきたえ上げられたかのごとく、あまりにも恥について無感覚となりすぎている」（『聖フランシスコ・ザビエル全書簡』）

ザビエルに続いて来日した**アレッサンドロ・ヴァリニャーノ**[2]（一五三九〜一六〇六／イタリア／宣教師）もまた、日本の同性愛事情に苦言を呈した。

「若衆達も、関係のある相手もこれを誇りとし、公然と口にし、隠蔽しようとしない。（略）仏僧が説く教義はこれを罪悪としないばかりでなく、きわめて自然で有徳の行為として、僧侶自らがこの風習を有するからである」（『日本巡察記』）

●男色を描いた春画

歌川広重『袋井宿』より。男色は江戸時代の春画にも数多く描かれた

文中で「同性愛」に相当する言葉を一切使わず、「これ」と書いている。このことからも、ヴァリニャーノが男色に相当な嫌悪感を抱いていたことがうかがえる。

このように二人の宣教師は、日本の同性愛事情に憤りをみせているようだが、ヨーロッパに同性愛の伝統がなかったわけではない。

たしかに、ヨーロッパでは道徳的にも法律的にも同性愛は禁止されていた。神が教える人類の生殖による繁栄の道に反すると考えられていたからだ。しかし現実的には、古代ギリシアの時代から存在しており、一説にはザビエルやヴァリニャーノが所属するイエズス会でも、秘密裏の同性愛が行なわれていたといわれている。

ではなぜ、宣教師たちは驚き、怒ったのだろうか。その理由は、日本の同性愛はあまりに〝おおっぴら〟に行なわれていたからだと推察される。

当時のヨーロッパの同性愛はひたすら隠されるべきものであり、自ら公言する者などいなかった。それに対し、日本人の同性愛者はそれを恥と思わず、公然と行なっていた。そうした日本人の感覚が理解できなかったのだろうと考えられる。

●茶屋での睦言

『絵本吾妻抉（あずまからげ）』より北尾重政画「芳町の陰間茶屋」。一見、遊廓や普通の茶屋に見えるが、階段にもたれている人物は少年の男娼である。その後ろを通い夜具を運ぶ従者が付き添う（国立国会図書館蔵）

街頭で春を売る幼い男たち

戦国時代が終わり江戸時代に入ってからも、日本の同性愛の伝統は続いた。幕府はたびたび禁令を出したが、男色ものの「仮名《かな》草子《ぞうし》」や「浮世《うきよ》草子」が出版され、街道や茶屋などに春をひさぐ男性が存在するなど、新たな動きもみられるようになった。

当時のようすについては、エンゲルベルト・ケンペル[3]（一六五一～一七一六／ドイツ／医師）が詳しく述べている。

「村の街道に沿ってたくさん並ぶ家の中に、九軒か一〇軒の立派な店構えの家があり、その前に一〇歳から一二歳までの二、三人の少年たちが、きれいに着飾り化粧して、きちんと一列に並んで座っていた。（略）彼らは婦人の姿をし、銭を払えば、神にそむくいやらしいやり方で、通りすがりの好色家の思いのままになった」（『江戸参府旅行日記』）

現在の日本は、性のモラルが低下している、とよくいわれる。だが時代状況が違うとはいえ、江戸時代の性のモラルもかなり乱れていたといえるだろう。

外国人プロフィール

1 フランシスコ・ザビエル［一五〇六～一五五二］

スペイン生まれ。パリの大学で哲学教授の資格を得ると、同大学で講義を担当。のちに神学を学び、イエズス会へ入会し、伝道活動を開始、一五四九年に来日した。九州を中心に布教を行なった。

2 アレッサンドロ・ヴァリニャーノ［一五三九～一六〇六］

イタリア・ナポリの貴族の生まれで、大学で法律を学んだあとイエズス会に入会した。東洋伝道を目標に掲げ、インド・中国を経て一五七九年に来日。織田信長に謁見し、キリスト教布教を行なった。

3 エンゲルベルト・ケンペル［一六五一～一七一六］

ドイツ生まれ。オランダ東インド会社に入り、一六九〇年に出島のオランダ商館付医師として来日。在日二年ののちオランダに帰る。

6-5

虐待などはほとんどない日本は子どもが世界一幸福な国

子どもへの体罰などもってのほか？

最近、日本では父母による子どもの虐待のニュースが多くなった。日本人は子育てが苦手な国民なのかと思ってしまうが、そんなことはない。江戸・明治期では、日本人の子ども好き、子育て術は外国人から高い評価を得ていたのだ。

たとえば、明治時代の日本を旅した**イザベラ・バード**（一八三一〜一九〇四／イギリス／旅行家）は、「**私は、これほど自分の子どもをかわいがる人々を見たことがない**」「(日本人は)**子どもがいないといつもつまらなそうである**」などと記している（『日本奥地紀行』）。

また、かつては子どもへの体罰もほとんどなかったらしい。江戸中期に来日した**カール・ペーテル・ツュンベリー**（一七四三〜一八二八／スウェーデン／植物学者）は、「**この国では**

どこでも子どもをむち打つことはほとんどない。子どもに対する禁止や不平の言葉は滅多に聞かれないし、家庭でも船でも子供を打つ、叩く、殴るといったことはほとんどなかった」と述べている（『江戸参府随行記』）。江戸時代は、現在とは異なる子育てが行なわれていたようだ。

玩具と遊戯が溢れる「遊びの王国」

子育てでは子どもを喜ばせることも大事だが、日本にはおもちゃや遊戯がたくさんあり、その点では西洋よりも恵まれていた。

明治初期にアメリカからやって来た**グリフィス**[3]は、「**日本ほど子供の喜ぶ物を売るおもちゃ屋や縁日の多い国はない**」という（『明治日本体験記』）。

さらに、「**日本のどの町にも子供を楽しませて暮らしを立てている男女が、何百人とまでいかないが、何十人もいる**」とも述べている（同書）。

江戸後期に来日した**フォーチュン**[4]もまた、「**玩具店には、あらゆる種類のおもちゃが豊富に陳列されていた**」と記す（『幕末日本探訪記』）。

明治初期に日本を訪れた**チャールズ・A・ロングフェロー**[5]（一八七五〜？／アメリカ／一般市民）は、遊戯の多さに言及。「**泥まんじゅうをこねたり、羽根つきをしたり、巧みに凧を上げたり、ボールで遊んだり、芝居ごっこをしたりと、遊ぶのに忙しい**」と、楽しそうに遊ぶ子どもたちのようすを綴った（『ロングフェロー日本滞在記』）。

子どもに甘い日本人、厳しい西洋人

子どもにむやみに体罰を与えず、できるだけ喜ばせて大事に育てる。現代の日本人からみると、甘やかせて育てるというのが、当時の子育てスタイルだったようだ。西洋ではどちらかというと厳しく育てるのが基本だったから、彼らの目には日本人の子育てが奇異に映ったに違いない。

スティルフィールド撮影「母子のスナップ」。明治初年に撮影されたもので、母親が赤子を背負い、子どもたちを慈しみを込めた目で見つめている。子どもの顔が黒いのは、湿版写真のため（放送大学附属図書館蔵）

そうした日本と西洋の育児スタイルの違いを研究したのが、**ルース・ベネディクト**（一八八七～一九四八／アメリカ／文化人類学者）だ。

ベネディクトは双方の育児様式を比較し、**「日本人は子どもを徹底的に甘やかせて育てる」「西洋人は子どもに対してしつけが厳しく、体罰を与えたり、食事なども大人とは別に与えるなど厳格である」**と分析。その具体例として、**「赤ん坊が泣くと、日本人の母親ならすぐ抱いてお乳を与えて泣きやまそうとするが、西洋人は決まった時間にしか乳は与えないで泣いたま**

までほうっておく」ことをあげた（『菊と刀』）

どちらが正しいとはいえない。だが、ロングフェローが、

「日本の子どもは十一、二歳になるまでは、世界でも最も幸福な子どもに違いない」

と述べているように（『ロングフェロー日本滞在記』）、日本の子どもたちのほうが幸せに映ったようだ。

外国人プロフィール

1 イザベラ・バード［一八三一～一九〇四］

イギリス生まれ。旅行家・探検家として世界各地を旅し、多くの旅行記を残す。日本には一八七八年に来日し、日光から新潟・山形・秋田を経て北海道に渡り、アイヌの調査を行なった。

2 カール・ペーテル・ツュンベリー［一七四三～一八二八］

スウェーデン生まれ。大学で医学と博物学を学んだのちオランダ東インド会社に入社。一七七五年に長崎県の出島にあったオランダ商館に医師として赴任した。植物や昆虫を採集し、「日本博物学の父」と呼ばれた。

3 ウィリアム・エリオット・グリフィス［一八四三～一九二八］

アメリカ生まれ。グラマースクールの教師としてラトガース大学で日本の留学生に外国語を教えた。一八七〇年に宣教師として来日。外国語や生理学も教えた。

4 ロバート・フォーチュン［一八一三～一八八〇］

イギリス・スコットランドの生まれ。庭園芸業者に就職後、エディンバラの王立植物園に勤務。チウズィックの王立園芸協会の温室主任として植物採集のためにアジアに派遣された。

5 チャールズ・A・ロングフェロー［一八四四～一八九三］

アメリカの詩人ヘンリー・ウォッズワース・ロングフェローの子として生まれた。幕末期、一般人として来日し、江戸に家屋を購入。一年以上を日本で過ごした。

6 ルース・ベネディクト［一八八七～一九四八］

アメリカ生まれ。文化人類学者として、アメリカが第二次世界大戦に参戦するにあたり、助言者の役目を担った。戦時中の調査結果をもとに、『菊と刀』を出版した。

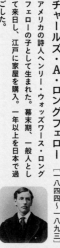

第6章　出典

- 『幕末日本探訪記』 R・フォーチュン著　三宅馨訳（講談社）
- 『シュリーマン旅行記』 H・シュリーマン著　石井和子訳（講談社）
- 『日本事物誌1．2』 B・H・チェンバレン著　高梨健吉訳（平凡社）
- 『明治日本体験記』 W・E・グリフィス著　山下英一訳（平凡社）
- 『日本大王国史』 F・カロン著　幸田成友訳（平凡社）
- 『英国人写真家の見た明治日本』 H・G・ポンティング著　長岡祥三訳（講談社）
- 『聖フランシスコ・ザビエル全書簡』 河野純徳訳（平凡社）
- 『日本巡察記』 A・ヴァリニャーノ著　松田毅一訳（平凡社）
- 『江戸参府旅行日記』 E・ケンペル著　斎藤信訳（平凡社）
- 『日本奥地紀行』 I・バード著　高梨健吉訳（平凡社）
- 『江戸参府随行記』 C・P・ツュンベリー著　高橋文訳（平凡社）
- 『ロングフェロー日本滞在記』 C・A・ロングフェロー著　山田久美子訳（平凡社）
- 『菊と刀』 L・ベネディクト著　越智敏之ほか訳（平凡社）

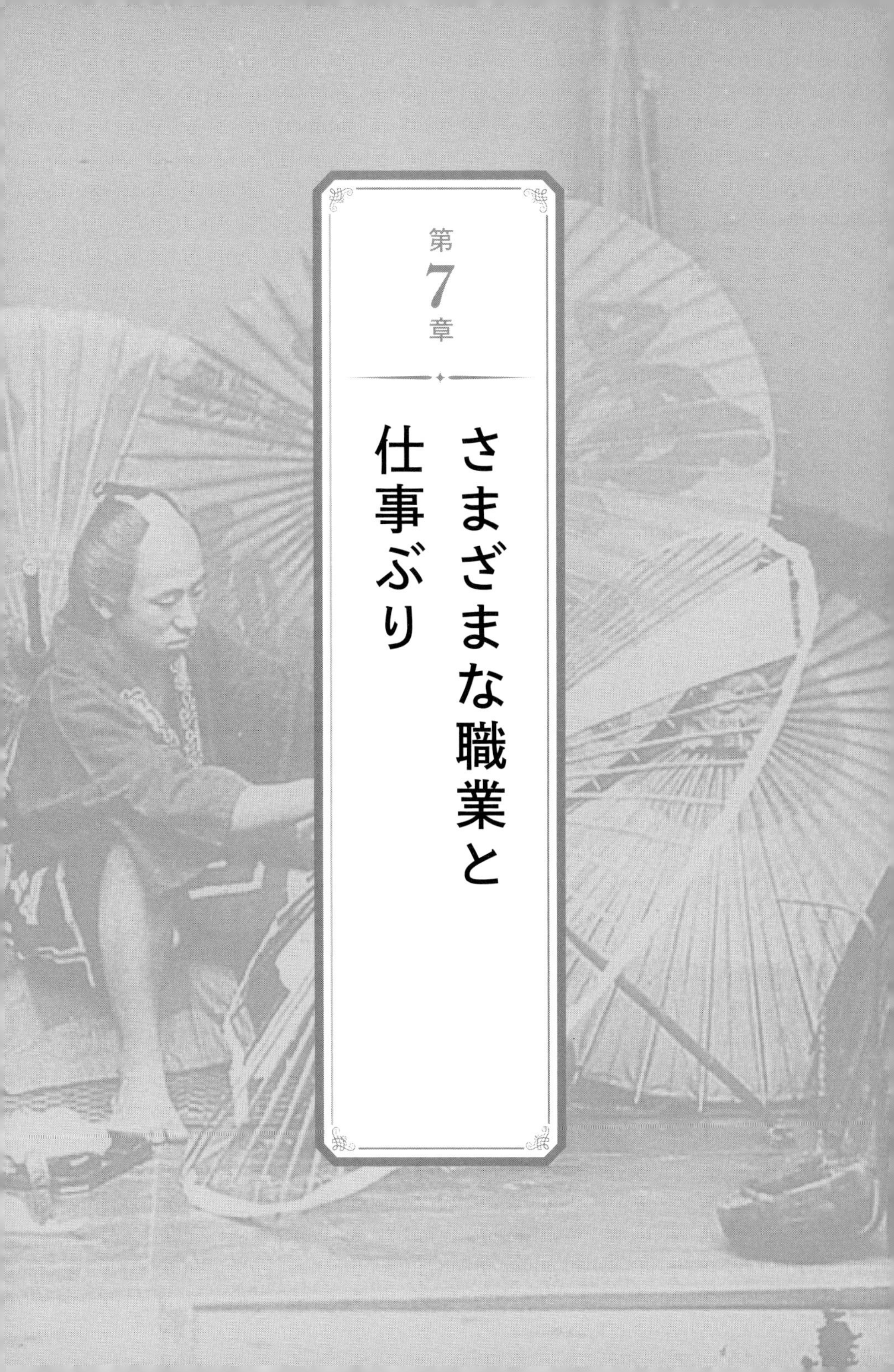

第7章

さまざまな職業と仕事ぶり

7-1

幕末の日本の医療は酷評されたが、鍼灸と温泉は注目されていた

脈の測り方も知らない日本人医師

江戸時代に生きた人々にとって、病気や怪我は死に直結しかねない大事だった。現代であれば薬や手術で簡単に治るものも、当時の医学ではその大半を治すことができなかったとされる。世界的な視点でみると、医学は日進月歩で発展していたが、日本の医学は鎖国の影響もあって、世界からずいぶん遅れていたのだ。

幕末に日本を訪れた西洋人は、日本の医学についてさまざまな意見を書いている。

たとえば、**ハインリッヒ・シュリーマン**（一八二二〜一八九〇／ドイツ／考古学者）は、「（日本の医者は）**中国の医者たちと同じ程度しか進歩しておらず**」と指摘する（『日本中国旅行記』）。彼は中国の医者について「**解剖学と生理学のはなはだしい無理解**」と述べているから、

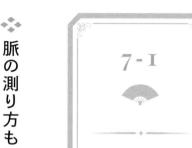

日本の医者も、解剖などの治療が満足にできなかったものと推測される。

[2]カール・ペーター・ツュンベリー（一七四三〜一八二八／スウェーデン／植物学者・医者）は、日本の医者の脈のとり方を見て、知識不足を実感した。

「病人の脈搏を数えようとする時は、まず一方の腕を取り、次いでもう一方の腕を取っており、両脈拍数はまったく同じであることや、一つの心臓から血液が両方へ流れていることを知らない。彼らの脈の計り方はまた、極めて長いので一五分はかかる」（『江戸参府随行記』）

西洋では常識とされるようなことを、日本人は知らなかった。ツュンベリーは唖然としたに違いない。

江戸時代の日本の医学には、「後世派《ごせいは》」「古医方《こいほう》」「蘭方《らんぽう》・西洋医学」の三つがあった。このうち蘭方・西洋医学については、まず、長崎・出島のオランダ商館付きの医者がオランダ式の医学を広め、一七七一（明和八）年には、杉田《すぎた》玄白《げんぱく》らが『解体新書《かいたいしんしょ》』を発行。これをきっかけに外科学や解剖学が大きく発展し、幕末になると現代医学に直結する西洋医学が確立された。

蘭方・西洋医学の普及により、日本の医学は世界レベルに近づいたが、それまでの期間はほとんど進歩していなかったというのが現実だった。

中国由来の鍼灸が目に留まる

しかし、外国人をよい意味で驚かせた医療行為もある。それは、鍼灸《しんきゅう》と温泉だ。

[3]**ロバート・フォーチュン**（一八一三〜一八八〇／イギリス／植物学者）の著書に次のような記述がある。

「（茶店で）私の注意をひいた非常に奇異な施術が行われていた。背中をまる出しにした女の両肩の間の皮膚の四ヵ所に、後ろに座っていた女が小さな化粧パフのような可燃物をのせて、火をつけていた。こんな施術はヨーロッパ人にとっては、耐え難い苦痛なことであろうに、ここで治療を受けていた女性は、笑ったり冗談を言って、むしろ楽しそうにしていた」（『幕末日本探訪記』）

●施灸の手引書

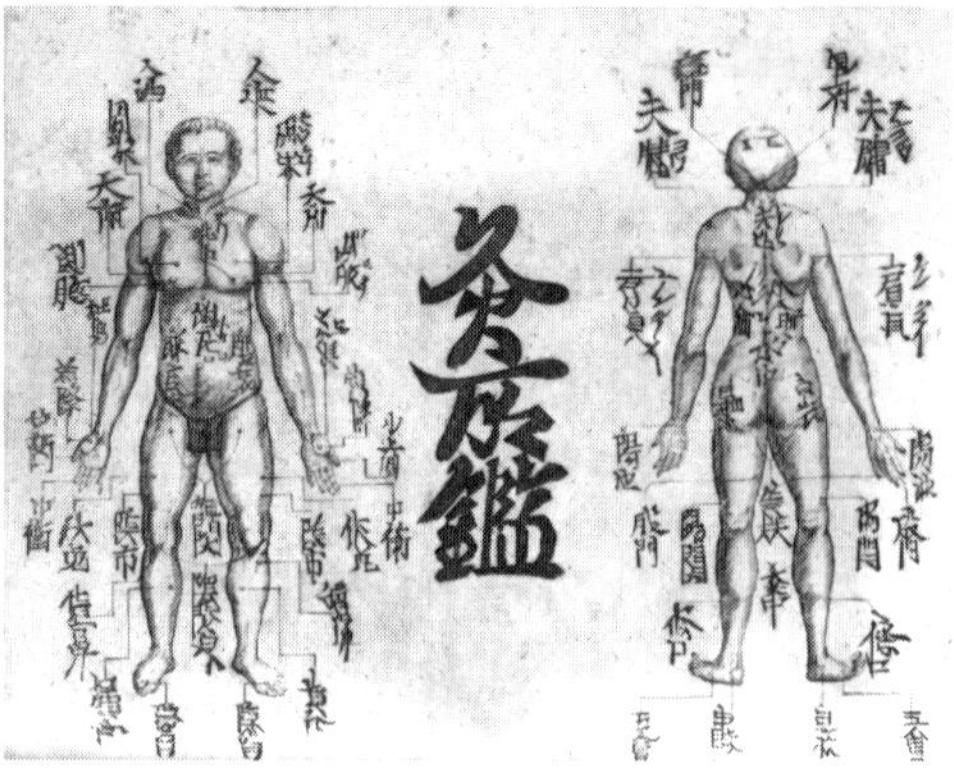

ケンペル『廻国奇観』「灸所鑑」より。ドイツ人医師ケンペルは鍼灸の研究を行い、訪日外国人を対象にした施灸の手引き書を残した（国際日本文化研究センター蔵）

鍼《はり》や灸による治療法は中国に由来するものだが、日本でも広く行なわれていた。フォーチュンは灸について、**「この施術は日本では熱病の予防や治療に大へん有効だと考えられている」**と紹介している。

鍼についても**「日本では有名な治療法の一つになっている」**と記す。だがそう言いつつ、**「日本人はもっと簡単かつ有効な手段で、治療できる方法を知りたいと思っているに違いない」**と、西洋医学の優位をほのめかすようなことも述べている（同書）。

温泉について詳細な記述を残しているのが、**バジル・ホール・チェンバレン**（一八五〇〜一九三五／イギリス／日本学者）だ。彼は、温泉のことを「**ミネラル・スプリング**」として紹介している（『日本事物誌』）。

チェンバレンは草津・芦の湯・日光の湯元・那須・塩原などの温泉は「硫黄《いおう》泉」、伊香保《いかほ》・別府は「鉄鉱泉」、熱海・磯部は「塩泉」などと温泉を分類し、「**箱根宮ノ下は外国人に有名だが、ほんの少しの塩と炭酸しか含まない**」と述べる（同書）。ここから、彼は温泉を病気治療・療養の手段とみなしていることがわかる。

さらに続けて、「**日本では、草津で治せない病気は恋の病だけであるという趣旨のことわざがあるほどである**」と、湯治が日本の慣習であることを紹介した（同書）。

外国人プロフィール

1 ハインリッヒ・シュリーマン［一八二二〜一八九〇］

ドイツ生まれ。船乗りの時代に船が難破してオランダ領に漂着後、商人となり巨万の富を築いた。経済活動から引退後、世界周遊旅行へと出て幕末の日本にやって来た。のちにトロイア遺跡を発見している。

2 カール・ペーテル・ツュンベリー［一七四三〜一八二八］

スウェーデン生まれ。大学で医学と博物学を学んだのちオランダ東インド会社に入社。一七七五年に長崎県の出島にあったオランダ商館に医師として赴任した。植物や昆虫を採集し、「日本博物学の父」と呼ばれた。

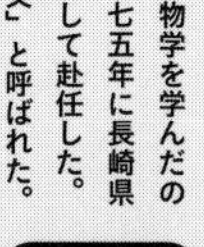

3 ロバート・フォーチュン［一八一三〜一八八〇］

イギリス・スコットランドの生まれ。庭園芸業者に就職後、エディンバラの王立植物園に勤務。チウズィックの王立園芸協会の温室主任として植物採集のためにアジアに派遣された。

4 バジル・ホール・チェンバレン［一八五〇〜一九三五］

イギリス生まれ。一八七三年に来日し、海軍兵学寮で英語を教え、のちに東京帝国大学で教鞭をとった。一九世紀後半から二〇世紀はじめの日本研究の第一人者。

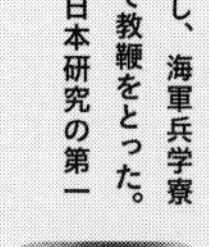

7-2

職人たちの鮮やかな仕事ぶりから、将来の技術大国化を確信

誰もが魅せられた職人技

日本人は手先が器用な国民として広く知られている。凄腕の熟練工がみせる職人技は、外国人には簡単にはマネできず、常に羨望のまなざしで見られてきた。

そうした職人技は、幕末明治期に日本を訪れた西洋人をも魅了した。とくに日本の工芸品が彼らの注目の的となった。

シュリーマン[1]は、「**金で模様を施した素晴らしい、まるでガラスのように光り輝く漆器や蒔《まき》絵《え》の盆や壺等を商っている店はずいぶんたくさん目にした。模様の美しさといい、精緻な作風といい、セーブル焼き**（フランスの代表的な陶器）**に勝るとも劣らぬ陶器を売る店もあった**」と絶賛する（『シュリーマン旅行記』）。

シュリーマンの賛辞はさらに続く。「木彫に関しては正真正銘の傑作を並べている店が実に多い。日本人はとりわけ鳥の木彫に優れている」「国産の絹織維を商う店が多いのには驚かされた。男女百人を超える店員が働き、どの店も大きさといい、品質の豊かさといい、パリのもっとも大きな店にもひけを取らない」などと、工芸品の素晴らしさとそれを扱う店の発展ぶりに目を見張った。

チェンバレン[2]も日本の工芸品に魅せられた。彼は、「日本人の天才的資質は、小さな物において完全の域に達する。茶碗、お盆、湯わかしをも美術品に作り上げる方法、（略）これらを日本人の半分もよく知っている国民はいない」と、手放しで賞賛する（『日本事物誌』）。

ラザフォード・オールコック[3]（一八〇九～一八九八／イギリス／外交官）もまた、「あらゆる種類の工芸において、日本人は疑いの余地もなく、卓越した能力を示している。（略）精巧

●江戸の職人たち

大工

鍛冶師

畳職人

筆職人

『彩画職人部類』より。日本人の手先の器用さは当時から際立っており、多くの職人たちが活躍していた（国立国会図書館蔵）

な技術が表現された工芸品などに接していると、私は何のためらいもなく、それらがヨーロッパの最高の製品と比肩しうるのみならず、日本人はこれらの各分野で、我々には真似のできない（略）作品を生み出すことができると言える」と、賛辞を惜しまない（『大君の都』）。

明治20年代に撮影された傘張り職人の写真。竹製の骨を火であぶりながら伸ばし、糊を使って和紙を張りつける。その後、防水のために 荏胡麻（えごま）油を塗って乾かして完成（放送大学附属図書館蔵）

的中したペリーの予言

日本の職人の技術力の高さが、本格的に注目されるようになったのは、戦国時代頃からだった。各地の領主が領内の生産性を高めるため、職人を保護して組織化した。

江戸時代に入ると、諸藩の経済的な独立が確立。職人たちは城下町に集められ、重要な経済の担い手となる。現在も各地に残る大工町・鍛冶《かじ》屋町・紺屋《こんや》町などの地名は当時、職人たちが同業者ごとに集まって暮らしていた頃の名残である。

やがて諸藩は、経済力強化を目的に、新技術の導入による特産品の生産を熱心に行ないはじめる。その結果、加賀や京都の友禅《ゆうぜん》染、加賀の九谷《くたに》焼や肥前《ひぜん》の有田焼、尾張の瀬戸焼といった陶磁器など、日本各地でさまざまな工芸品が誕生したのだ。

幕末に黒船で来航した**マシュー・カルブレイス・ペリー**（一七九四〜一八五八／アメリカ／軍人）は、**「実際的および機械的技術において、日本人は非常な巧緻を示す。**（略）**日本人がひとたび文明世界の過去・現在の技能を有したならば、機械工業の成功を目指す強力なライバルとなるだろう**」と述べている（『ペリー提督日本遠征記』）。彼は日本人の技術水準の高さを見抜いており、将来日本が世界に台頭するであろうことを予言していたのだ。

そして予言は見事に的中する。明治以降、日本の機械工業は大躍進を遂げ、日本は世界トップクラスの技術力を誇る国へと成長した。その背景に、職人たちが長年培ってきた巧みの技があることはいうまでもない。

外国人プロフィール

1 ハインリッヒ・シュリーマン［一八二二〜一八九〇］

ドイツ生まれ。船乗りの時代に船が難破してオランダ領に漂着後、商人となり巨万の富を築いた。経済活動から引退後、世界周遊旅行へと出て幕末の日本にやって来た。のちにトロイア遺跡を発見している。

2 バジル・ホール・チェンバレン［一八五〇〜一九三五］

イギリス生まれ。一八七三年に来日し、海軍兵学寮で英語を教え、のちに東京帝国大学で教鞭をとった。一九世紀後半から二〇世紀はじめの日本研究の第一人者。

3 ラザフォード・オールコック［一八〇九〜一八九八］

イギリスの医師の家に生まれ、一時は医師を目指したが、従軍中の後遺症により外科医の道からはずれ、外交官に。一八五九年に来日し、特命全権公使として活躍した。

4 マシュー・カルブレイス・ペリー［一七九四〜一八五八］

アメリカ生まれの海軍提督。幕末期の日本に二度来航し、日本を開国へと向かわせた。「日米和親条約」を締結したほか、来日時には日本に関して広く見聞し、当時の日本の風俗などを詳細に記録した。

7-3

独特なセンスの浮世絵を評価し、のちの漫画ブームを予言した外国人

あまりにリアルな人物像

幕末明治期に来日した西洋人は、日本人の職人技をこぞって称賛した。では、芸術分野についてはどうか。日本人の美的センスを、彼らはどのように感じたのだろう。

江戸時代の日本の絵画は、浮世絵が中心だった（狩野《かのう》派や土佐派といった、漢画・やまと絵の画派もあった）。浮世絵は、一九世紀後半から二〇世紀初頭にかけて、西洋の美術に影響を与えた（ジャポニズム）。たとえば、モネやゴッホといったヨーロッパ印象派の画家たちが、浮世絵に傾倒していたことはよく知られた事実だ。

しかし、幕末明治期に実際に日本に来ていた西洋人が、日本人の美的センスに対して下した評価は賛否両論だった。

『浮世風俗やまと錦絵・江戸末期時代中巻』より歌川豊國画の美人絵。西洋人が指摘したように日本画では陰影を濃くして奥行きを出すより、ものの美しい形にこだわって描かれた（国立国会図書館蔵）

シュリーマン[1]は、「絵画や額を並べている店にも立ち寄ってみた。日本人は絵が大好きなようである。しかしそこに描かれた人物像はあまりにリアルで、優美さや繊細さに欠ける」と首を傾げている（『シュリーマン旅行記』）。

またフォーチュン[2]は、「製図やスケッチの技巧は、日本人はイギリス人よりも劣っている」と自国の優位性を説く。「外国人はまだ横浜に短期間しか駐留していないのに、日本の芸術家達は外国人の容姿風俗習慣を忠実に描写している」「シナ人よりはずっと進歩している」とはいうものの、「高度の文明国民が特殊の娯楽をしている男女の絵は、むしろ漫画に近いものだったが……」と述べており（いずれも『幕末日本探訪記』）、日本人の美的センスは、いま一つだと感じていることがうかがえる。

ペリーは漫画大国化も予言していた!?

一方、日本人の美的センスを称賛するのは、岡倉天心とともに東京美術学校（現東京芸術大学）を創設した**アーネスト・フェノロサ**[3]（一八五三〜一九〇八／アメリカ／美術研究家）だ。
彼は冷静に西洋の油絵と日本画を比較検討している。

「日本画に陰翳《いんえい》のないことが非難されるが、陰翳とは濃淡を表す一方法に過ぎず、（略）**陰翳は必ずしも必要なわけではない。却って科学的陰翳が妙想を犠牲にすることもある」「油絵は濃厚豊富な色彩を誇り、日本画はおおむね軽疎淡薄だが、色彩の濃厚豊富はその湊合《そうごう》華麗とは無関係であり、却って妙想の妨げになることがある」**（『美術真説』）

洋画への批判、日本画への擁護に終始したのである。

また、上野博物館や鹿鳴館、ニコライ堂、岩崎久弥邸などを設計して「日本近代建築の父」と呼ばれた**ジョサイア・コンドル**[4]（一八五二〜一九二〇／アメリカ／建築士）は、**「日本の画家は、陰影や色彩の助けを借りずとも、もっともあいまいでとらえがたいかたちをすら、線によって表現することができる」**と述べている（『河鍋暁斎《かわなべきょうさい》』）。日本画特有の線とそれに囲まれた面に施された陰影をもたない明るい色彩の世界を、ヨーロッパのリアリズムにはない日本画の表現法だと賛美しているのである。

ペリー[5]にいたっては、絶賛の嵐が止まない。

「日本の筆を片手で同時に使い（略）**遠近法で描く線画**（略）**船の蒸気機関の各部分を写生し、これ以上ないほど正確で優れた絵」**（『ペリー提督日本遠征記』）

「気取りのない子供向けの絵本は（略）**好奇と滑稽を自由にユーモラスな感覚で描き、わが国の類似の本にはめったに見られない」**（同書）

ペリーは、まるで現在の日本漫画の世界的なブームを予言するかのようなコメントを、いまから一五〇年以上前に残していたのである。

明治以前、日本の美術家は、西洋的な技法や価値観とは方向性を異にした、独自の美意識で造形を行なってきた。それが間違っていなかったことを、フェノロサやコンドルらが証明してくれたわけである。

外国人プロフィール

1 ハインリッヒ・シュリーマン〔一八二二〜一八九〇〕

ドイツ生まれ。船乗りの時代に船が難破してオランダ領に漂着後、商人となり巨万の富を築いた。経済活動から引退後、世界周遊旅行へと出て幕末の日本にやって来た。のちにトロイア遺跡を発見している。

2 ロバート・フォーチュン〔一八一三〜一八八〇〕

イギリス・スコットランドの生まれ。庭園芸業者に就職後、エディンバラの王立植物園に勤務。チウズィックの王立園芸協会の温室主任として植物採集のためにアジアに派遣された。

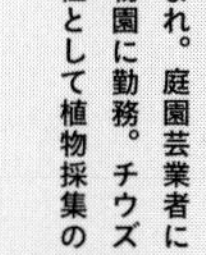

3 アーネスト・フェノロサ〔一八五三〜一九〇八〕

アメリカ人の美術研究家。一八七八年に東京大学の政治学・経済学部教授として来日。日本美術に深い関心を抱き、自らも日本画の技術を教わりながら日本画の研究に没頭した。

4 ジョサイア・コンドル〔一八五二〜一九二〇〕

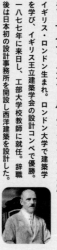

イギリス・ロンドン生まれ。ロンドン大学で建築学を学び、イギリス王立建築学会の設計コンペで優勝。一八七七年に来日し、工部大学校教師に就任。辞職後は日本初の設計事務所を開設し西洋建築を設計した。

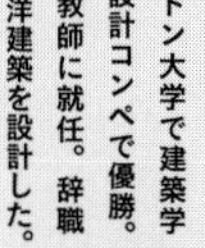

5 マシュー・カルブレイス・ペリー〔一七九四〜一八五八〕

アメリカ生まれの海軍提督。幕末期の日本に二度来航し、日本を開国へと向かわせた。「日米和親条約」を締結したほか、来日時には日本に関して広く見聞し、当時の日本の風俗などを詳細に記録した。

7-4

苦痛で逃げ出したくなる……まったく評価されなかった伝統音楽

鎖国時代に育まれた日本の音楽

職人技による超絶技巧とセンス溢れる工芸品は絶賛され、ファインアートとしての芸術的センスについては賛否両論といったところの日本カルチャー。では、音楽はどうか。日本の伝統音楽は幕末明治期の西洋人の耳にどう聞こえたのだろうか。

結論からいうと、残念ながらよい評価はほとんどない。日本の伝統音楽に対して西洋人が下した評価は、どれもこれも惨憺《さんたん》たるものなのだ。

江戸時代は、日本の伝統音楽が大成した時代だった。鎖国的状態が長く続き、外国の音楽がほとんど入ってこなかったため、それ以前に輸入されていた大陸音楽が、日本的に消化され、日本独自の音楽文化の花が開いたのだ。

日本の伝統音楽が具体的にどんなものかというと、武家や貴族、僧侶などの間で普及した雅《が》楽《がく》や能楽《のうがく》、町人たちが楽しんだ三味線音楽、農民や漁民などが奏でた民謡などだ。社会的な階級ごとに音楽の種類が違ったのである。

完全否定された三味線

幕末の日本を写真に撮って西洋に紹介した**フェリーチェ・ベアト**[1]（一八三四〜一九〇九／イギリス／写真家）は、三味線について言及している。

ベアトは三味線を「日本のギター」と呼んだ。そして、**「三味線の音色にはハーモニーはない。ただ、荒々しく耳障りなだけである。三味線のかなでる調べは、時に哀調を帯びるが、三味線に合わせて歌う和楽の唄声は、鍛錬のすえに身につけた裏声で、自然な感じがない。それ故、我々の耳には快い調べとは感じられない」**と述べている（『F・ベアト写真集』）。

三味線の音、メロディ、さらに歌う声すら気に入らないという。完全否定だ。

さらに厳しいのが、**ローレンス・オリファント**[2]（一八二九〜一八八九／イギリス／外交官）である。

芸妓の演奏を聞いたオリファントは、**「われわれの耳には、実に調子はずれの音なので、縁先に逃げ出してほっとした」**と書き、返す刀で、**「守護神たちはわれわれにもっともいやらしいものを押しつけて楽しみたいらしい。明らかに、われわれがしかめ面をしてみせるのを楽し**

ベアト撮影「三味線で踊る娘たち」。撮影者ベアトをはじめ、三味線の音色を耳にした外国人の多くは、雑音としかとらえられず、不快感を覚えたという（長崎大学附属図書館蔵）

みにしているらしい」と、まるで聞かせる側に悪意があるかのような酷評（『エルギン卿遣日使節録』）。

親日家で知られる**イザベラ・バード**[3]（一八三一～一九〇四／イギリス／紀行作家）も音楽はダメだったようだ。彼女は外交官の**アーネスト・サトウ**[4]（一八四三～一九二九／イギリス／外交官）から日本風の宴会に招待され、夕食のあとで素人の音楽家たちの演奏を聞いたことがあった。そのときの感想を、「**私にとって東洋の音楽は苦痛をもたらす神秘的なものです**」と述べている（『日本奥地紀行』）。

バードを招待したサトウは、日本の音楽を好んでいたのかというと、じつは彼自身も苦手だったらしい。

「**音調の十中の九までが調子はずれと思えるような、西洋の音曲とは全く異なった一連の音程からなる日本の音楽に、ヨーロッパ人の耳をなれさせるには、よほど長い年季を必要とするだろう**」（『一外交官の見た明治維新』）

「前もって唄の文句を知っていると少しは助かるが、この文句が唄われるときには、イタリアのオペラ歌手の発する音声が大多数の聴衆にわからないのと同じように、さっぱりわからない。ところで、どんな外国人の場合でも、特に熱心な人でもなければ、こうした形式の芸術を鑑賞するために苦労して修養しようとする者は決してあるまい」（同書）

遠回しにではあるが、サトウもかなり厳しい評価を述べている。バードによると、宴会の際、サトウの顔から苦痛の色は見えなかったという。おそらく彼は内心、おおいに退屈していたのだろう。

とすると、サトウはなぜ苦痛なものを宴席で披露させたのか謎だが、いずれにせよ、日本の民族音楽をほとんどの外国人が苦手としていたことはたしかだ。

外国人プロフィール

1 フェリーチェ・ベアト［一八三四～一九〇九］

イタリア生まれだが、イギリス国籍を有する。クリミヤ戦争、セポイの乱、アヘン戦争などイギリスの植民地で起こる事件の報道カメラマンとして働き、来日。ワーグマンとともに写真会社を共同経営した。

2 ローレンス・オリファントン［一八二九～一八八九］

南アフリカ生まれのスコットランド人。エルギン卿と出会って清国へ同行し、一八六〇年に日本公使館の第一書記官に任命された。

3 イザベラ・バード［一八三一～一九〇四］

イギリス生まれ。旅行家・探検家として世界各地を旅し、多くの旅行記を残す。日本には一八七八年に来日し、日光から新潟・山形・秋田を経て北海道に渡り、アイヌの調査を行なった。

4 アーネスト・サトウ［一八四三～一九二九］

イギリス生まれ。一八歳で英国外務省に入り、日本の在イギリス公使官員に就任。生麦事件、薩英戦争など多難な時期に幕府・維新の両勢力から信頼を得た。

7-5

売春するのは両親のせい？理解されなかった遊女という生き方

吉原《よしわら》、島原《しまばら》、新町《しんまち》が三大遊郭

江戸時代には、幕府が公認した遊廓《ゆうかく》があった。有名な吉原《よしわら》は、堀で囲った敷地の中に設けられた江戸の売春街で、京都なら島原《しまばら》、大坂なら新町《しんまち》に大規模な遊郭があった。吉原、島原、新町の三つは「三大遊郭」といわれる。現代でいえば、東京の歌舞伎町、大阪の飛田新地、福岡の中州などのイメージに近い。

遊郭では遊女による性的サービスが行なわれ、男女の物語が夜な夜な繰り広げられていた。その経済効果は相当なものになり、遊郭が寂れたり、撤退したりすると、一帯の経済が立ちゆかなくなることもあった。

ちなみに、遊女には二種類がいた。公認されていないところで働く遊女は私娼《ししょう》と呼ばれ、バ

●遊女のランク表〈宝暦（1751〜1763年）頃〉

ランク	階級	呼称	揚代など
1	呼び出し（ばんとう新造つき）	花魁《おいらん》・傾城《けいせい》	遊女の最高ランクで、廓《くるわ》の従業員が花魁を迎えに行く。初期は太夫《たゆう》と呼ばれた。揚代《あげだい》は1両１分《ぶ》
2	昼三《ちゅうさん》	花魁・傾城	呼び出しにつぐ高級遊女。昼間の揚代でも3分《ぶ》以上のため、「昼三」と呼ばれた
3	座敷持ち（禿《かむろ》つき）	花魁・傾城	寝起きする部屋とは別に、客間を持つ遊女。揚代は2分《ぶ》程度
4	部屋持ち	新造《しんぞう》	「見習い」期を終えて、自分の部屋を持ち、客をとるようになった若い遊女。揚代は1分《ぶ》程度
5	見習い	振袖新造	禿（10歳前後の遊女の雑用係）が15〜16歳になると、遊女見習いとなる。まだ客はとらない

●伝説の遊女たち

高尾
吉原の高級店・三浦屋の太夫（2代目）。めったに笑わないクールさと豊かな教養で男性たちをとりこにした。月岡芳年『月百姿』より

勝山
江戸の私娼から吉原の太夫へ成り上がった遊女。美貌とともに独特なファッションセンスが受け、女性たちからも憧れられた。歌川国貞『古今名婦伝』より

夕霧
大坂・新町の遊郭の「顔」のような存在であった。長崎の島原遊廓から移籍し、美貌だけでなく慈愛に満ちた人柄で人気を集めた。歌川豊国『豊国錦絵集』より

レると咎《とが》めを受ける。これに対し、幕府公認の吉原などの遊廓の遊女は、公娼《こうしょう》なので堂々と商売ができた。

吉原の遊女は最盛期には七〇〇〇人以上もいたとされ、彼女たちは「呼び出し」「昼三《ちゅうさん》」「座敷持ち」などの階級に分けられていた。そのトップに君臨する遊女が「花魁《おいらん》」である（時代を下ると、吉原の遊女一般を指して花魁といわれるようになる）。

花魁は髪を盛り上げ、きらびやかな衣装をまとい、豪華な飾りをつけ、高下駄を回しながら道中を歩く。その姿が多くの人々を魅了し、男性客を虜《とりこ》にした。まさに江戸の華である。

吉原の歴史に名を残す花魁としては高尾や勝山などが挙げられるが、吉原以外にも夕霧などがいた。

西洋人は遊女の人生に関心を抱いた

西洋人は、この遊女という存在を理解するのに苦しんだようだ。「売春は世界最古の職業」といわれるように、世界中どこにでも売春婦はいる。西洋人が不思議がったのは、遊女たちの境遇とその後の人生だ。

フェルディナンド・フォン・リヒトホーフェン（一八三三〜一九〇五／ドイツ／地理学者）は、**「かなり大きな町に一つはある遊女屋は、下層階級の女性の地位にとって良い出発点を提供している」**と記す（『日本滞在記』）。

●横浜の遊女の集合写真

神奈川県にあった遊廓「神風楼」の玄関前に集まる遊女たち。もともと高島町にあった神風楼は、七軒町に場所を移してから、外国人向けの妓楼を新設した（長崎大学附属図書館蔵）

遊女はたいてい一六〜一七歳くらいでデビューする。女衒《ぜげん》と呼ばれるブローカーによって身売りされてきた女性が多かったが、親兄弟のために自ら進んで遊郭に入ってくる者もいた。実働年数は八〜九年程度で、二五歳まで働けば解放される。

二五歳なら、再出発は十分可能である。西洋では売春婦になると、そこから抜け出すことはほとんどできなかった。それに対し、日本の遊女は一定年数働けば更生するチャンスが与えられたのだ。

ツュンベリー[2]が**「のちにごく普通の結婚をすることがよくある」**というように（『江戸参府

随行記』)、一定期間を耐え忍べば再出発できるのが日本の遊女の特徴で、その点に西洋人は驚いたのである。

完成されていた遊女育成システム

現代の日本なら、風俗産業に携わっていたなどと知られると、周囲から冷たいまなざしを向けられるだろうが、当時の遊女は足を洗えば軽蔑されることなく、社会へ戻ることができた。というのも、本人が希望して遊女になったのではなく、親の都合でならざるを得ないケースがあることを、人々が知っていたからだ。

遊女の出身階層をみると、まれに武家出身の娘もいたが、北国の貧しい農民の娘が大半だった。彼女たちは、わずか六～七歳で両親によって売られ、禿《かむろ》として姉妓に仕え、読み書き三味線などのたしなみを教わりながら育てられる。

こうした状況について、幕末に日本に来て長崎海軍伝習所の教官を務めた**ファン・カッテンディーケ**[3]（一八一六～一八六六／オランダ／軍人）は、「**彼女らの哀れむべき境遇に伴うその因業も、彼女ら自身というよりも、その両親の罪から生まれるのである**」と同情している（『長崎海軍伝習所の日々』）。

ツュンベリーもまた、「**親類縁者の手によって、しばしばいたいけな少女の頃、早くも娼家に売られたこの罪なき女たち**」と哀れみを示している（『江戸参府随行記』）。

遊廓は、高く売れる遊女をつくるために、教養や行儀を教え、遊女を磨けるだけ磨いた。稼げる遊女をつくるためには、遊廓も投資していたのであり、このシステムは、まるで現代の芸能プロダクションのようにも思える。

ここでスターとなり、やがて年季を終えて一般の女性としての再スタートを切った遊女たちもいる。だが一方で、遊廓のなかで不幸な人生を終えた女性も多かったことは忘れてはならない。

外国人プロフィール

1 フェルディナンド・フォン・リヒトホーフェン　［一八三三～一九〇五］

ドイツ生まれ。ベルリン大学卒業後、地質学者となりアルプス山脈などの地質学調査を行なった。日本には一八六〇年と七〇年の二度やって来ている。一八六八年からは中国の調査を進め、『シナ』を著した。

2 カール・ペーテル・ツュンベリー　［一七四三～一八二八］

スウェーデン生まれ。大学で医学と博物学を学んだのちオランダ東インド会社に入社。一七七五年に長崎県の出島にあったオランダ商館に医師として赴任した。植物や昆虫を採集し、「日本博物学の父」と呼ばれた。

3 ファン・カッテンディーケ　［一八一六～一八六六］

オランダ生まれ。海軍兵学校卒業後、フリゲート艦に乗艦し西インドや大西洋の航海を行なった。一八五七年に徳川幕府から受注した船の引き渡しのために来日し、日本の海軍伝習生を育成した。

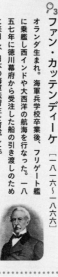

第7章 出典

- 『日本中国旅行記』 H・シュリーマン著　藤川徹訳（雄松堂書店）
- 『江戸参府随行記』 C・P・ツュンベリー著　高橋文訳（平凡社）
- 『幕末日本探訪記』 R・フォーチュン著　三宅馨訳（講談社）
- 『日本事物誌1．2』 B・H・チェンバレン著　高梨健吉訳（平凡社）
- 『シュリーマン旅行記 清国・日本』 H・シュリーマン著　石井和子（講談社）
- 『大君の都 上・下』 R・オールコック著　山口光朔訳（岩波書店）
- 『ペリー提督日本遠征記』 M・C・ペリー著　木原悦子訳（小学館）
- 『美術真説』 E・フェノロサ著
  ※引用元は『フェノロサ　日本文化の宣揚に捧げた一生』山口静一（三省堂）
- 『河鍋暁斎』 J・コンドル著　山口静一訳（岩波書店）
- 『F・ベアト写真集』 横浜開港資料館編（明石書店）
- 『エルギン卿遣日使節録』 R・オリファント著　岡田章雄訳（雄松堂書店）
- 『日本奥地紀行』 I・バード著　高梨健吉訳（平凡社）
- 『一外交官の見た明治維新』 E・サトウ著　坂田精一訳（岩波書店）
- 『日本滞在記』 F・V・リヒトホーフェン著　上村直己訳（九州大学出版会）
- 『長崎海軍伝習所の日々』 V・H・V・カッテンディーケ著　水田信利訳（平凡社）

●主な参考文献

『大江戸えころじー事情』石川英輔、『幕末外交と開国』加藤祐三、『外国人が見た古き良き日本　対訳』内藤誠（講談社）／『逝きし世の面影』渡辺京二（平凡社）／『モースの贈り物』ジョン・セイヤー（小学館）／『鹿鳴館を創った男　お雇い建築家ジョサイア・コンドルの生涯』畠山けん（河出書房新社）／『ヘボンの生涯と日本語』望月洋子（新潮社）／『異国人の見た幕末明治JAPAN』、『江戸時代「生活・文化」総覧』西山松之助（新人物往来社）／『大江戸まるわかり事典』大石学編（時事通信社）／『按針と家康　将軍に仕えたあるイギリス人の生涯』クラウス・モンク・プロム（出帆新社）／『日本の川を甦らせた技師・デ・レイケ』上林好之（草思社）／『江戸っ子は何を食べていたか』大久保洋子、『日本の風習』武光誠（青春出版社）／『「ザ・タイムズ」にみる幕末維新』皆村武（中央公論社）／『武士道』新渡戸稲造、『日本ことはじめ物語』米山俊直（PHP研究所）／『大江戸異人往来』タイモン・スクリーチ（筑摩書房）／『大江戸ものしり事典』（主婦と生活社）／『詳説日本史B』石川進ほか（山川出版社）／『お雇い外国人15　建築土木』村松貞次郎（鹿島出版会）／『サムライと英語』明石証、『江戸の金・女・出世』山本博文、『トロイアの秘宝　その運命とシュリーマンの生涯』キャロライン・ムアヘッド（角川書店）／『なぜ日本人だけが喜んで生卵を食べるのか』佐藤敏彦（ワニ・ブックス）／『私のウェストン追跡記』田畑真一（山と渓谷社）／『イギリス紳士の幕末』山田勝、『江戸から考える日本人の心』大石学、『猪口孝が読み解く「ペリー提督日本遠征記」』猪口孝（NHK出版）

【著者】
ロム・インターナショナル
1983年に設立された、書籍の企画制作集団。幅広い情報網と縦横無尽の機動力を活かし、数々の話題作を生み出してきた。なかでも、旅行やビジネス、海外情報、博学知識などの分野を得意とする。

【STAFF】
装丁・本文デザイン・DTP　高木善彦（SLOW-LIGHT）

外国人が見た幕末明治の仰天ニッポン

2024年2月18日　初版印刷
2024年2月28日　初版発行

著　者　ロム・インターナショナル

発行者　小野寺優
発行所　株式会社河出書房新社
〒151-0051
東京都渋谷区千駄ヶ谷2-32-2
電話03-3404-1201（営業）
03-3404-8611（編集）
https://www.kawade.co.jp/
印刷・製本　TOPPAN株式会社

Printed in Japan
ISBN978-4-309-22912-6
落丁本・乱丁本はお取り替えいたします。